AF275888

Marie Laurencin

pintora (1883-1956)

Guillaume Apollinaire
y otros

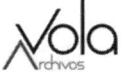

Edición y traducción de Rodolphe Crutenau

En portada: Marie Laurencin, *Autorretrato* (detalle), s.f.
Museo Nacional de Bellas Artes, Buenos Aires

© Archivos Vola, Madrid, 2024

ISBN: 978-84-129137-1-2
Depósito legal: M-20017-2024

Hecho en Madrid

Índice

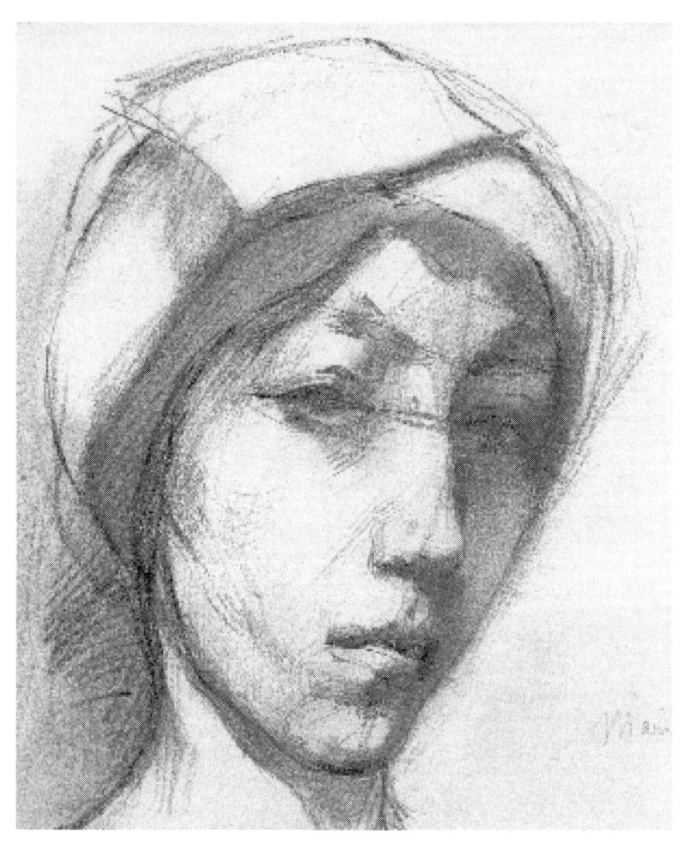

Marie Laurencin
(París, 1883 - 1956)
Autorretrato de 1903

Marie Laurencin

Guillaume Apollinaire

Nuestra época ha permitido a los talentos femeninos florecer en las Letras y las Artes.

Las mujeres aportan al arte una visión del universo nueva y llena de alegría.

Ha habido pintoras en todas las épocas, y es que este maravilloso arte presenta encantos tan delicados para la atención, la imaginación, que no hubiera sido de extrañar que hubiera habido todavía más pintoras.

En el siglo XVI italiano tenemos a Sophonisba Angussola [sic.], alabada por Lanzi y Vasari. Pablo IV y el rey de España se disputaron sus obras. Están en Madrid, en Florencia, en Génova, en Londres. En el Louvre no hay ninguna. Nació en Cremona hacia 1530, y superó rápidamente a su maestro Bernardino, mejorando con creces el arte del retrato. Los modernos han llegado en ocasiones a atribuir alguno de sus cuadros al propio Tiziano. Tras grandes éxitos en la Corte de Felipe II, acabó por retirarse en Génova, donde se quedó ciega. Lanzi dice de ella que pasaba por ser la persona de su siglo que mejor razonaba sobre arte, y Van Dyck, que fue a escucharla, afirmó que había aprendido más de aquella viejecita ciega que del pintor *más clarividente*.

Sophonisba Angussola [sic.] es el ejemplo más elevado hasta hoy de una gloria femenina adquirida gracias a las artes plásticas.

Marie Laurencin ha sabido expresar, en el arte mayor de la pintura, una estética enteramente femenina.

Ya en sus primeras pinturas, sus primeros dibujos, sus primeros aguafuertes, a pesar de estar esbozados con cierta sencillez natural, podía adivinarse que la artista que iba a revelarse enseguida expresaría un día la gracia y el encanto del mundo.

Produjo entonces cuadros con delicadas figuras hechas de arabescos.

Desde aquel tiempo, sigue presente en su búsqueda ese arabesco femenino cuyo conocimiento ha sabido mantener intacto.

Mientras que un Picasso se preocupa por conseguir toda la emoción estética que pueda proporcionar un objeto, exaltando lo pintoresco aún desconocido, Marie Laurencin, cuyo arte deriva de Henri Matisse y de Picasso, se entrega ante todo a la expresión de la novedad pintoresca de objetos y figuras. Por ello su arte es menos severo que el de Picasso, arte con el que sin embargo guarda analogías; conlleva la enumeración de los elementos que componen un cuadro. Así se acerca a la naturaleza, estudiándola con encono, pero alejándose cuidadosamente de todo lo que no es joven ni gracioso, aceptando los elementos desconocidos de las cosas sólo si tienen apariencia juvenil.

Creo que orientó así su arte deliberadamente, hacia la joven novedad ya sea grave o sonriente. La estética femenina, que apenas si se ha mostrado hasta hoy en otras artes aplicadas que no sean el encaje y el bordado, tenía ante todo que expresar en la pintura la novedad misma de esa feminidad. Más tarde vendrán más mujeres que exploren otros aspectos femeninos del universo.

Como artista, podemos situar a Marie Laurencin entre Picasso y el aduanero Rousseau. No es una indicación jerárquica, se trata simplemente de una constatación de parentesco. Su arte baila como Salomé entre el de Picasso, nuevo San Juan Bautista que lava las artes en el bautismo de la luz, y el de Rousseau, Herodes sentimental, viejo suntuoso y pueril a quien el amor arrastró a los confines del intelectualismo, allí adonde acudieron los ángeles para distraerle de su dolor e impedirle que penetrara en el horrible reino del que se había convertido en *Aduanero*, y finalmente le admitieron en su grupo y le nacieron pesadas alas.

La juventud artística ha dado ya pruebas del respeto que siente por la obra de ese pobre y viejo ángel. Henri Rousseau, el *Aduanero*, que murió en 1910, al final del verano. Podría denominársele también el maestro de Plaisance, tanto por el nombre del barrio donde vive (*Plaisance*), como por lo agradables de ver que son sus cuadros.

Pocos hombres han sufrido tantas burlas en su vida como el venerable Aduanero y pocos hombres reaccionaron con mayor serenidad a los sarcasmos, a las groserías con que lo colmaban. Aquel viejecillo educado conservó siempre la misma tranquilidad de humor y, gracias a su ejemplar buen carácter, pretendía incluso que esas burlas eran la prueba de que hasta los más malvados se interesaban por su obra. Esa serenidad era un orgullo bien entendido. El Aduanero era consciente de su fuerza. Una o dos veces se le escapó que era el mejor pintor de su época. Y es posible que, en según qué aspectos, no anduviera muy equivocado. Y es que, aunque hubiera carecido de educación artística en su juventud (se le nota), parece ser que, tardíamente, cuando quiso pintar, estudió a los maestros con pasión, y llegó a ser casi el único de entre los modernos en adivinar sus secretos.

Sus defectos consisten sólo en ocasiones en un exceso de sentimiento, casi siempre en una candidez popular por encima de la que podría haberse situado y que contrastaba demasiado con sus empresas artísticas y con la actitud que había podido adoptar en el arte contemporáneo.

Pero, ¡cuántas cualidades parejas! Y ¡cuán significativo que la juventud artística las haya adivinado! Podemos felicitarlo por ello, sobre todo si su intención no es sólo reconocerlas, sino también, y sobre todo, aprovecharlas. El Aduanero llegaba hasta el fondo de sus cuadros, algo excepcional en nuestros días. No se aprecia en ellos manierismo alguno, ningún procedimiento, ningún sistema. De ahí procede la variedad de su obra. No desconfiaba ni de su imaginación ni de su mano. Por ello sus composiciones decorativas tienen esa gracia y esa riqueza. Como había participado en la campaña de México, había conservado un recuerdo plástico y poético muy preciso de la vegetación y de la fauna tropicales.

El resultado de todo esto es que ese Bretón, viejo residente de los *faubourgs* de París, es sin lugar a dudas el pintor más extraño, más atrevido y más encantador del exotismo. Su *Charmeuse de serpents* es prueba más que suficiente. Pero Rousseau no fue simplemente decorador, ni tampoco fue pintor. Y eso es lo que hace que sus obras sean difícilmente comprensibles para ciertas personas. Era una persona de orden y eso se nota no sólo en sus cuadros, sino también en sus dibujos, tan ordenados como miniaturas persas. Su arte era puro, conlleva en las figuras femeninas, en la composición de los árboles, en el canto armonioso de los diferentes tonos de un mismo color, un estilo que es exclusivo de los pintores franceses, y que revela que un cuadro es francés, esté donde esté. Me refiero, claro está, a los cuadros de los maestros.

Era un pintor con una voluntad de hierro. Qué duda puede caber frente al canto de los azules, a la melodía de los blancos de esa Noce, donde la figura de una vieja campesina nos recuerda a ciertos holandeses.

Como pintor de retratos, Rousseau es incomparable. Un retrato de medio de cuerpo con delicados negros y grises, vale más que un retrato de Cézanne. Dos veces he tenido el honor de ser retratado por Rousseau en su pequeño y claro estudio de la calle Perrel, lo he visto trabajar a menudo y sé el cuidado que ponía en cada detalle, la facultad que poseía de mantener la composición primitiva y definitiva de su cuadro hasta haberlo concluido, y también que nunca dejaba nada al azar y sobre todo nada esencial.

Entre los bellos bocetos de Rousseau, nada hay tan sorprendente como esa pequeña tela titulada *La Carmagnole*.

(Es el boceto del *Centenaire de l'Indépendance*, a cuyo pie había escrito Rousseau:

"Auprès de ma blonde

"Qu'il fait bon, fait bon, fait bon..."

[Canción popular: "¡Ay, mi rubia, qué a gusto estoy con ella...!"]

Nervio en el dibujo, variedad, la composición y la delicadeza tonal, todo ello hace de ese boceto una excelente piececilla. Sus cuadros de flores muestran la capacidad de encanto y de realce que había en el alma y en la mano del viejo Aduanero.

En resumen, podemos subrayar aquí que estos tres pintores, entre los que no he intentado establecer ninguna jerarquía, sino simplemente discernir su grado de parentesco, son tres retratistas de los mejores.

En la obra genial de Picasso, los retratos ocupan un lugar importante y algunos de entre ellos (el *Portrait de M. Vollard*, el *Portrait de M. Kahnweiler*) son auténticas obras maestras. Los retratos del Aduanero Rousseau son para mí obras prodigiosas, cuya belleza es aún hoy incalculable. También son los retratos parte importante de la obra de Marie Laurencin.

Tanto el elemento profético de la obra de un Picasso como el elemento intelectual que, a pesar de todo, entraba en lid en la pintura del viejo Rousseau, se encuentran aquí

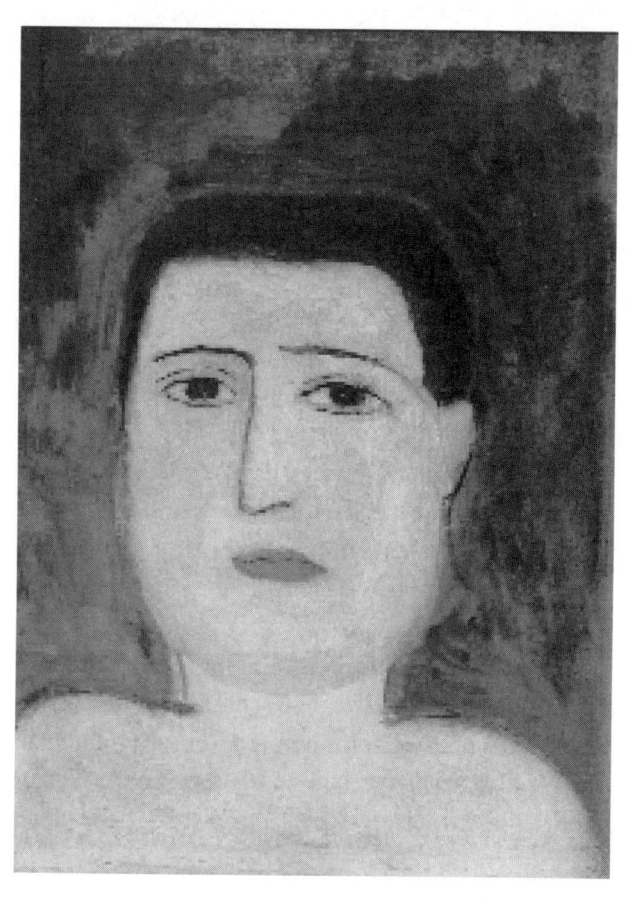

Retrato de Guillaume Apollinaire
óleo, c. 1908
Musée de l'Orangerie, París

y ahora transformados en un elemento pintoresco completamente nuevo. Como en la danza, se da en la pintura una numeración rítmica de infinita gracia.

Todo lo que hasta ahora componía la originalidad, la delicadeza de las artes femeninas del encaje, el bordado y los tapices de Bayeux, etc., lo encontramos hoy transformado, purificado. El arte femenino se ha convertido en un arte mayor y ya no se confundirá más con el arte masculino. El arte femenino está hecho de valentía, de buena educación y de alegría de vivir. No conoce ni la imitación ni la bajeza de la perspectiva. Es un arte feliz.

A propósito de uno de los cuadros más tiernos de Marie Laurencin, *La toilette*, Mario Meunier, por entonces secretario de Rodin y excelente traductor de Safo, Sófocles y Platón, contaba una divertida anécdota. Estaba él un día mostrando al escultor unas fotografías de cuadros de la escuela de los *fauves*, entre las que se había traspapelado una reproducción de ese cuadro de Marie Laurencin; al verlo, dijo el ilustre anciano: "Por lo menos una que es una simple *fauvette*, que sabe lo que es la gracia, que es serpentina".

Y en eso consiste precisamente la pintura femenina, es serpentina, y quizá fue Loïe Füller, la gran artista del movimiento y de los colores, la precursora del arte femenino de hoy al inventar esas luces sucesivas en que se mezclaban

15

pintura, danza y gracia, y a las que se denominó con toda justicia: la danza serpentina.

¡Y el humor perspicaz de Rodin supo aplicar esa misma palabra a otra obra de mujer!

El arte femenino, el arte de la Laurencin, tiende a convertirse en puro arabesco humanizado por la atenta observación de la naturaleza y porque se aleja, gracias a su expresividad, de la simple decoración, sin por ello dejar de resultar igual de agradable.

'Marie Laurencin' en *Les peintres cubistes*,
Eugène Figuière & Cie, Éditeurs, París 1913.
Traducción de Lydia Vázquez en *Meditaciones estéticas.*
Los pintores cubistas, La balsa de la Medusa, Madrid, 1994

Marie Laurencin y su obra

Roger Allard

A nadie se le ocurre pensar que los pintores de nuestra época, es decir, de estos últimos quince años, hayan descuidado adrede su propia reputación o que hayan demostrado una notable indiferencia respecto de un éxito que tantos ejemplos contemporáneos han demostrado relativamente fácil de hallar. Pero los artistas más cultos (y su número aumenta a medida que el arte de escribir y conversar resulta ser uno de los medios más eficaces de alcanzar el éxito), eludieron sin duda ese tonto error al que los desgraciados colegiales eran inducidos por unos maestros sin talento y, peor aún, sin intuición. Instruidos por los más famosos o más recientes "famosos", no cayeron en la ingenuidad de pensar que el éxito fuera la recompensa natural de los esfuerzos hechos para gustar. Al contrario, entendieron que el público que se interesa por las Bellas Artes y visita el *Salon d'Automne* o el de los *Indépendants*, no quiere que le seduzcan con lisonjas. Demasiado consciente, con una íntima humildad muy propia de las élites en ciernes, de su falta de gusto o de criterios, no saben agradar a ese público que sólo aprecia esos artistas cuya ambición consiste en ceñirse a la ausencia de gusto y de criterios.

Nada más descontado, en realidad, que esas ganas de los *snobs* ignorantes y vanidosos que escandalizarse ante los marcos y caballetes de las vanguardias. Así, esa dulce rubia que un novelista al uso reservaría para unos amores aristocráticos, fantasea con un mozo de cuadra, *homo pilosus, aut fortis, aut libidinosus* (hombre peludo, pero fuerte y libidinoso), y cuando, en lugar de la voluptuosidad de los pecados, opta por el alivio de la confesión que su ansiedad reclama, escoge al confesor más rudo, el preferido de las devotas para recibir sus deliciosas penitencias.

Ya sea en un estreno o en un ensayo general, el público que cree dictar la moda acude con el deseo, más o menos declarado, más o menos disfrazado, de ser confundido, maltratado, escandalizado de mil maneras y sobre todo de maneras nuevas o, lo que viene a ser lo mismo, con maneras algo anticuadas. Y si tolera alguna caricia, habrá de ser a contrapelo. Cuanto más brutal sea la sorpresa, mayor será la instintiva repulsa, y más sabrá que hay que admirar y manifestar agrado.

A priori, esta disposición de ánimo debería favorecer al genio innovador, a la audacia fecunda, a los nobles aventureros que no sabrían vivir si no en las regiones más peligrosas del arte. Esto es así en principio, pero pronto suele ocurrir que ese afán de novedades sorprendentes, al acoger por igual cualquier excentricidad, acaba favoreciendo a los calculadores oportunistas en detrimento de los inventores que sí se arriesgan.

Esto equivale a decir, sintetizando un razonamiento que el lector ya habrá hecho, que resulta perfectamente indiferente animar o desanimar las artes o las artistas, y que ni el deseo de rutina ni el deseo de novedad gozan del privilegio de la clarividencia automática. Pero esta cuestión nos llevaría demasiado lejos. Nos bastará con saber y ver que el don de disgustar es el más fructuoso, hoy en día, de todos cuantos pueda estar dotado un artista. A falta del don, puede aprenderse la ciencia, pero sería un error pensar que será cosa fácil. ¿No presenciamos acaso, todos los días, los penosos y enternecedores esfuerzos de no pocos por hacerse con un estilo desagradable, sin que su noble empeño logre triunfar sobre sus aptitudes naturales para la vulgar lisonja. Tanto es así que si arduo es gustar no menos lo es disgustar intencionadamente.

Presentada de manera abstracta, esta teoría podrá resultar demasiado sutil, pero bastará estudiar la historia del cubismo, especialmente del cubismo de la segunda y última etapas, para dar con ejemplos muy explícitos.

En verdad, para que un pintor manifieste hoy en día la intención de agradar y seducir, necesitaría casi tanto coraje como talento; y, así, abundan aquellos que han sacrificado al placer de salir en tres revistas y ser famosos en un par de tertulias y salones, el simple e incomparable placer de gustarse a sí mismos.

Quien haya visto trabajar, entre dudas y angustias, o entre entusiasmos y alegrías, igual da, un artista digno de este gastado nombre, imaginará no sin algo de asco la triste existencia de tantos malos bufones, mal maquillados, mal disfrazados, obligados a disimular como sea el vacío en sus cerebros y la nada en sus sensibilidades.

¡Bienaventurado el genio al que ninguna preocupación oportunista aleja de su propia región natural! Bienaventurado el pintor o el poeta lo bastante seguro de sí mismo para seguir sus intuiciones, capaz de ser oscuro sin tener que disimular, de ser claros sin dejar de ser profundo, extraño, y singular sin dejar de ser sensible, cuyo fingimiento es naíf, y para quien el arte más difícil es un fácil milagro... ¡Bienaventurada Marie Laurencin!

Por mucho que nos remontemos en la fecunda carrera de esta joven artista –sin duda la más famosa de las pintoras actuales y sin duda la que con más seguridad dejará constancia de su paso– no podremos descubrir una de esas infidelidades que el pintor comete con su propio genio, fruto a veces de errores involuntarios o de pasajeras debilidades, pero que, al reiterarse, relevan una triste falta de carácter. Ante Aubrey Beardsley, ante los artesanos persas, ante Cimabue, Monet o el aduanero Rousseau, ante Matisse, Braque o Picasso, la señora Marie Laurencin sólo se ha buscado a sí misma, esos reflejos desconocidos o escondidos de su propia imagen, fantasmas flotando entre el ayer y el mañana, que sabe atrapar y dominar con dulzura.

Arte egoísta y encantador el suyo, como el amor de las mujeres sabias y voluptuosas que a sí mismas remite. No tuvo nunca otro motivo que sí misma, ni otra curiosidad que conocerse mejor. Fijándose en los objetos y las formas de la naturaleza que se parecen a ella, queriendo las plantas o los animales en cuanto alusiones secretas a su propio cuerpo, a su propio rostro, Marie Laurencin indaga en la naturaleza y la vida para encontrar razones apremiantes e imprevistas de quererse a sí misma. Al igual que las hermanas celosas de Psique a las que los espejos devolvían la imagen de la hermana en brazos del amante, para Marie Laurencin, por otras razones, toda la naturaleza es una sala de espejos. Ella y todos los reflejos de su persona juegan con sentimentalismos agridulces en un decorado de cuento de hadas hecho con un gusto de persona mayor y exigente. Son Perrault o Madame d'Aulny interpretados y recalcados por Oscar Wilde o Guillaume Apollinaire. Con vestidos rosas y azules, vemos vivir, jugar cantar, amar y sufrir sonriendo unos seres seductores de bocas tiernas y crueles, de cabellos claros y ondulados. Sus esquivos ojos de gacela recuerdan Persia, pero una Persia tan francesa, tan parisina, como una *chinoiserie* de François Boucher.

Sus cuerpos redondos y firmes evocan las amazonas de los arrabales, dóciles y falsas hermanas de los héroes inocentes de la novela [*Le roman des fortifs*] de Francis Carco; los placeres que sus ojos recuerdan huelen a vino azul y a fritura, a las viejas tascas de los domingos de Nogent o de Billancourt. Alguna amazona de aire cruel y decidido aparece sobre un caballo escapado de Medrano. Su vestido es aquel con el que el amante del *Diablo enamorado* [novela de 1772 de Jacques Cazotte] obsequió a su enigmática amada: *"Le había hecho hacer un traje de amazona con el cual, bajo un gran sombrero cubierto de plumas, atraía todas las miradas... incluso las mujeres parecían haber renunciado a esos celos de que se las acusa, subyugadas por una superioridad que no podían negar o desarmados por un porte que anunciaba el olvido de todos sus atractivos"*.

Pero, casi siempre, las heroínas de Marie Laurencin tienen actitudes más familiares, cuando no más sencillas.

Cantan, haciendo como que rasgan unas guitarras de cartón, esas romanzas sentimentales tan conmovedoras cuando surgen en un cruce de calles, entre obreras atentas, que forman un grupo con forma de oscura rosa iluminada por un fuego de pálido acetileno. Y el canto es un vals, con pasos algo canallas.

Mientras estas muchachas encantadoras se entretienen así, unos animales sumisos las sirven y defienden ante el hombre. Son perros fieles, nobles y estúpidos, que lamen los pies de los poetas y muerden los de los no-poetas, u osos graciosos y sabios, monos perfumados como mantos que cubren la piel. Entre celosías verdes, de un verde ácido y ligero como una primavera de arrabal, plantas trepadoras se cruzan sin olor. (La flor aparecerá en la obra de Marie Laurencin sólo en la madurez de su talento). Por último, esos poetas, únicos seres masculinos admitidos en ese Edén, tienen la forma de cartabón y, a modo de ojo, un agujero redondo, y parecen sacados de un bodegón del señor Picasso.

El señor André Salmon, que fue de los primeros en celebrar y defender el talento de la señora Laurencin, ha dicho muy acertadamente de su pintura que cabía hablar de ella con seriedad, dando a entender que, bajo esa apariencia frívola y ligera, su arte esconde una fuerza extraña, una seducción profunda. Nada más cierto. Yo soy de los que se permiten hablar con seriedad de Fragonard y con ligereza de Ingres, según el momento y el humor. Respecto a Marie Laurencin, puedo maravillarme ante su amable genio, sin exagerar la soltura de su arte. Sin duda, no estoy por la tarea de distinguir supuestas épocas de su obra, que si el "periodo mono" o el "periodo rococó". Más sensato me parece dejar estas definiciones a la ironía juvenil con que la propia señora Marie Laurencin las acuñó, sin maldad, y respetar así las intenciones de una pintora atenta a no forzar su talento.

Sin duda porque aprecio desde hace diez años el arte de Marie Laurencin, no me sorprenden los misterios que presumen descubrir sus admiradores más recientes. Se les cede con gusto ese privilegio, tanto como el del parloteo impertinente y los comentarios extravagantes. Lo que me parece más notable de esta pintura, es, primero, la extrema sobriedad de los ornamentos y la ausencia de toda estilización decorativa. También el que, incluso en sus obras más modestas, el efecto parezca siempre superior al esfuerzo. Por último, casi la única en una época en la que el más necio de los prejuicios sostenía que un cuadro o un poema, para no caer en lo anecdótico, no habían de tener tema, Marie Laurencin no temió contar historias. Cada uno de sus cuadros parece un episodio de una interminable leyenda, ya sean varios personajes o un único rostro los atrapados en la cerrazón de la pasión, en el drama ligero. A veces la Perversión juega inocentemente con el abanico o las flores, a veces la amarga Envidia o la trágica Desesperación toman las máscaras del amor cortés o de la Indiferencia. A veces, también, son extraños conciertos, como los que el Diablo [del *Diablo enamorado*] improvisa para Álvaro en las ruinas de Portici. Y podemos oír la voz de Biondetta, que canta ruborizándose de diabólico pudor: ¡Ay! ¡Cómo es mi quimera! Hija del cielo y los aires".

Y es como algo de metempsicosis lo que nos atrapa en esos ojos de los seres que habitan el aire rosa y azul de sus cuadros. Pero las mujeres de Marie Laurencin no se acuerdan sólo de haber sido quimeras, esfinges o centauras, sino también jóvenes burguesas del segundo Imperio, como las que pintaban Eva Gonzalès y Berthe Morisot.

El nombre de Marie Laurencin vendrá naturalmente a unirse a estos para formas una trinidad de gracia francesa. Y ojalá den en el futuro fe en favor de nuestra época, tan afligida por el pedantismo pictórico, aburrido e inútil como una clase de estética en una escuela nocturna.

Marie Laurencin, Les peintres français nouveaux, nº 10, Gaston Gallimard, París 1921

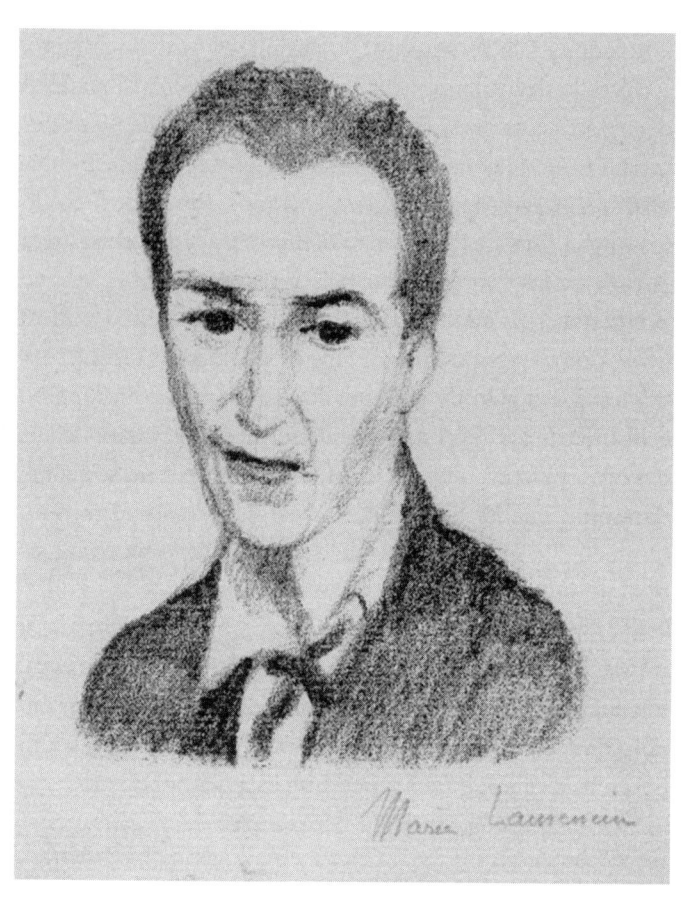

Retrato de André Salmon
carboncillo, sin fecha
Colección privada

Marie Laurencin

André Salmon

Musa, a su pesar, de los innovadores, la señorita Marie Laurencin bien podría, por su atrevimiento, participar de las manifestaciones de aquellos.

Una técnica rigurosa, la austeridad de su dibujo la acercan a ellos.

Pero les es profundamente ajena por esa imaginación que los cubistas aún repudian –en verdad, los motivos de sus "cuadros" no son sino alegorías– al igual que los parnasianos, a los que se parecen sin quererlo, rechazaban la imaginación.

Para pintar sus Dianas cazadoras a lomos de cervatillos, traviesamente calzadas con patines, sus tiernas Amazonas, sus Ninfas que intuimos sabias, la artista no tuvo otro modelo que ella misma y, sin haber tenido que posar, varios de los jóvenes poetas de nuestros días figuran en sus obras.

La señorita Marie Laurencin es uno de los escasos pintores de nuestra época capaz de ilustrar un poema sin tergiversar la idea del autor.

Cuando la joven artista compone siguiendo su propia inspiración, no todo resulta siempre claro en sus obras. Pero lo abstruso también forma parta de nuestra tradición.

La señorita Laurencin es una pintora de la gracia. Demasiado sutil para ser sencilla (la sencillez no es especialmente loable), tiene el necesario sentido de la medida para no ser amanerada.

Sería un error pensar que su inspiración es libresca; tiene todas las emociones del poeta, pero es ante todo pintora. Compone con intención, pero con soltura, porque la trasposición se da de forma natural en su mente, antes incluso de tomar los pinceles.

La fantasía de la señorita Marie Laurencin no pertenece a nadie; tampoco viene de ese Múnich que diera cabida a los sueños de Teherán. Esta joven muchacha ha mirado –con sus ojos ingenuos y profundos– los museos como ha observado la naturaleza. Ahí radica el encanto de su talento, mas no todo el secreto de su arte.

Si los ciervos que habitan los jardines en los que su fantasía se complace se parecen extrañamente a los animales de bronce de los antiguos artistas chinos, la señorita Marie Laurencin consigue olvidarlo naturalmente. Se apropia de cuanto ve; y, sin embargo, nadie ha sabido arrebatarle lo que es suyo.

Seguramente habrá sopesado las palabras de Diderot: "Imaginen, amontonado a vuestros pies, todos los restos mortales de un europeo: sus medias, sus zapatos, sus pantalones, su chaqueta, su abrigo, su sombrero, su cuello, sus tirantes, su camisa; no serían más que trapos. Los restos de una mujer serían una *boutique* entera". Sin embargo, no sigue la conclusión del filósofo: "El vestido natural es la piel"

Sus personajes tienen atuendos propios de hombres, más allá de la función, a veces arbitraria, que les concede en sus composiciones.

Tuve el enorme honor de figurar en una de las más seductoras composiciones de la señorita Marie Laurencin, tocado con larga cabellera y cubierto con una capa ondulante de lino azul que tanto quisiera atreverme a llevar en sociedad.

Pero un apetito científico, que nada tiene de positivo, si le ha propiciado a esta joven felices malentendidos, también la ha incitado a fijarse, con una curiosidad algo demasiado directa, en la obra desesperante de Picasso. Varios experimentos resultantes nos inducen a pensar que nada de bueno sacará de ello.

Puede prescindir de las indicaciones ajenas. ¿Se acuerda cómo, en sus inicios, pronto se deshizo de la influencia de

Henri Matisse, cuyos anodinos ramos de flores copiaba ingenuamente?

Que se conforme con visitar los museos y con hojear los florilegios presto aturullantes que reúnen obras de los Venecianos, de artistas de la dinastía Ming, Ronsard y Omar-Kayham.

Párrafos extraídos de *La jeune peinture française*,
Societé des Trente, París 1912

***

¡Genoveva de Brabante en el bosque con su ciervo! Se divierte en su exilio tejiendo un sombrero de hojas, de hojas como manos, fervientes, mostrando señales de alegría, y dramatismo.

Genoveva de Brabante da de comer su sombrero de hojas al ciervo, y luego hace el retrato del ciervo, de la dulce bestia que cabalga con la imaginación, dibujándose de frente, la pierna de perfil, porque entreve su hermosa pierna entre los pliegues de su túnica; una camisa de peni-tente, de ajusticiado, que con una alfiler y una flor con-vierte en jovial vestido de baile. Todo ello dará pie a una canción que retomada, paseada, deformada, transformada por todos los arrieros, todos los soldados, todos los encarcelados, todos los exilados, enriquecida con todos los dialectos, empobrecida pero aligerada por la ciencia de todos los sabiondos, acabará teniendo su sitio entre los Tesoros de la Vieja *Chanson Française*.

Marie Laurencin, joven chica, que pintó "Las jóvenes" multiplicando su propia imagen, suscitó emoción con esas canciones mientras frecuentaba una sensata academia, con la ambición estrecha, burguesa y parisina de equipararse con los buenos artesanos. Los poetas, a quienes sedujeron sus canciones, la revelaron a sí misma.

Marie Laurencin es, sin duda, hija de la Dulce Francia cuya heroínas supieron completar las tareas en que fracasaron los rudos hombres, y todo sin sacrificar la propia gracia y haciendo de las faenas juegos.

Un capricho del destino quiso que naciera para el arte cuando los únicos pintores capaces de convertirse en su familia espiritual acababan de aceptar ese bautismo que los convertía en *Fauves*. De ellos le gustaron la señal de lo nuevo y el coraje, el espíritu de aventura. Una vez descifrada esa señal y anunciada la nueva fórmula, está claro que no viste, Marie, en esas palabras "Section d'Or" –hechas para los pintores sabios y los maestros escultores que tallaron los pórticos de Occidente– poco más que un párrafo de una Fábula o el título de una canción que podría ilustrar un cuadro -tú, Marie, que practicas con ternura un arte del Decamerón, rodeada de una asamblea de Musas un tanto politécnicas.

Marie Laurencin ha respirado las flores que pinta, y por sus formas reconoce sus colores. Ha amado como un corazón el corazón de la ciudad, ha sonreído como un lazo al lazo del Sena, ha amado la Vida y ha desconfiado de la Naturaleza; cuando menos de esa Naturaleza que contemplan los paisajistas, tan tranquilos ante ese modelo como sin fueran criaturas ajenas a esa creación.

El arte de Marie Laurencin se ha ensanchado. Ha ganado mucho en intensidad dramática. Lo dramático, que surge de las emociones personales, ha fijado mejor las formas de su arte; el arabesco ha crecido, y admira comprobar que esta conquista no exigió sacrificios. La gracia del primer día pervive.

La canción se deja oír, intacta, elevándose hacia el cielo más puro, más imperioso, y esa canción es la de la alondra, Marie, ¡pintora de nuestros lares!

Artículo publicado en la revista *L'Amour de l'Art*, mayo 1920

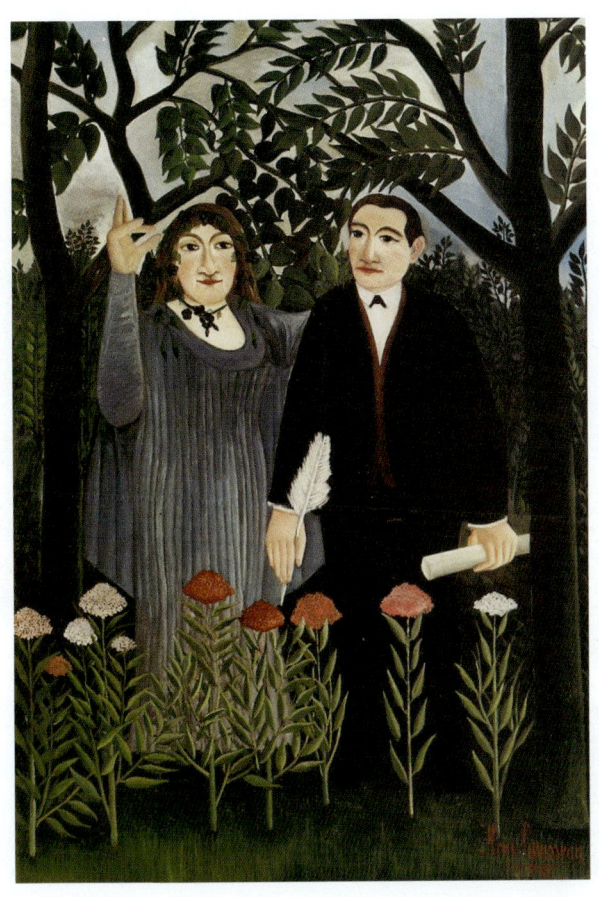

Henri "le Douanier" Rousseau, *La musa inspirando al poeta* (Marie
Laurencin y Guillaume Apollinaire), 1909, Kunstmuseum, Basilea

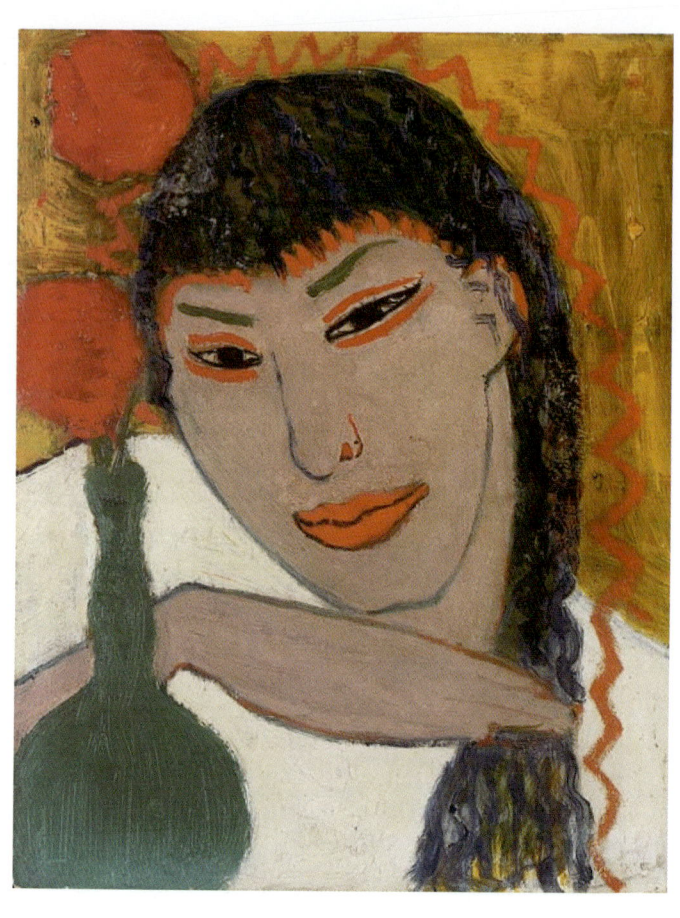

Autorretrato con jarrón verde, 1908
Colección privada

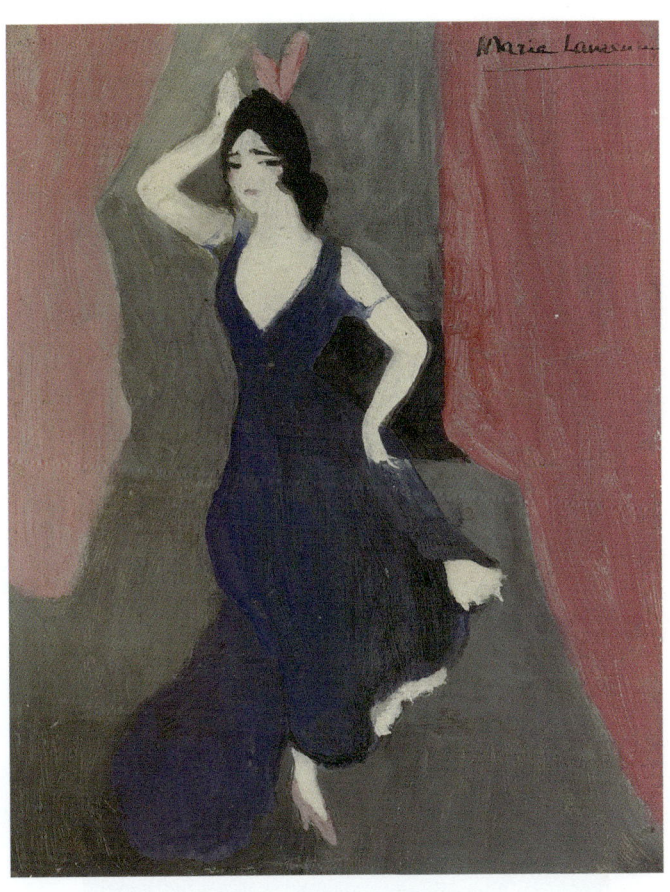

Bailarina española, 1916
Colección privada

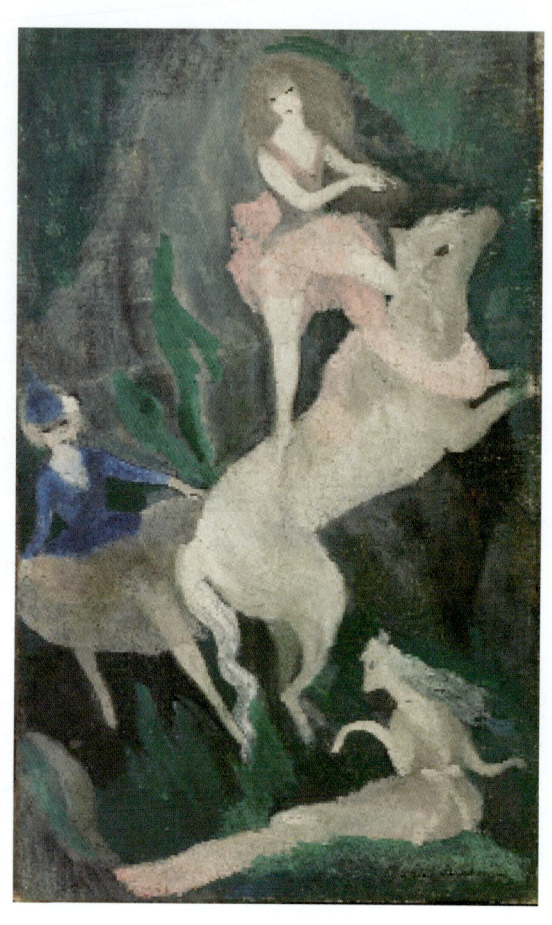

El circo, 1919
Colección privada

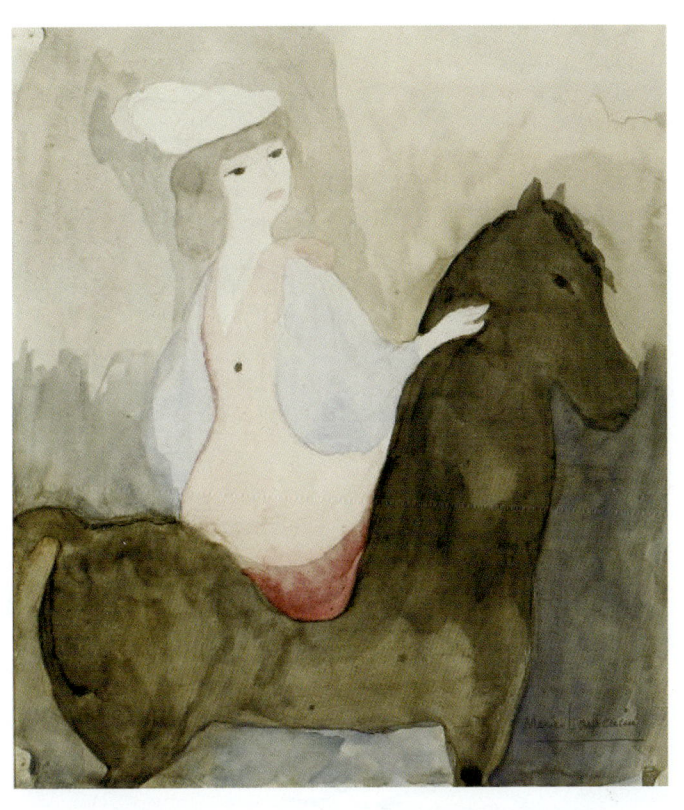

La amazona, 1927
Colección privada

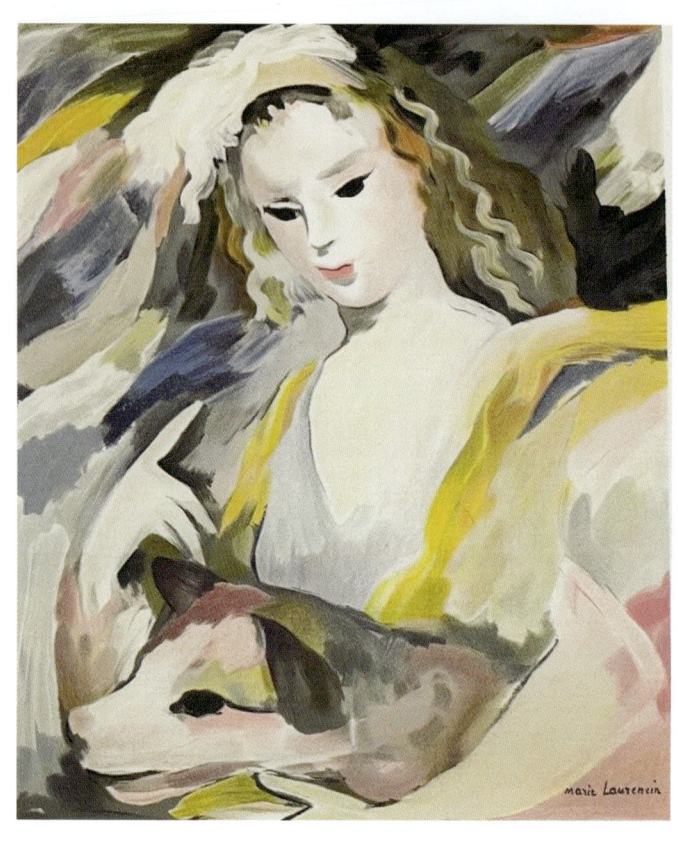

Mujer con perro, sin fecha
Colección privada

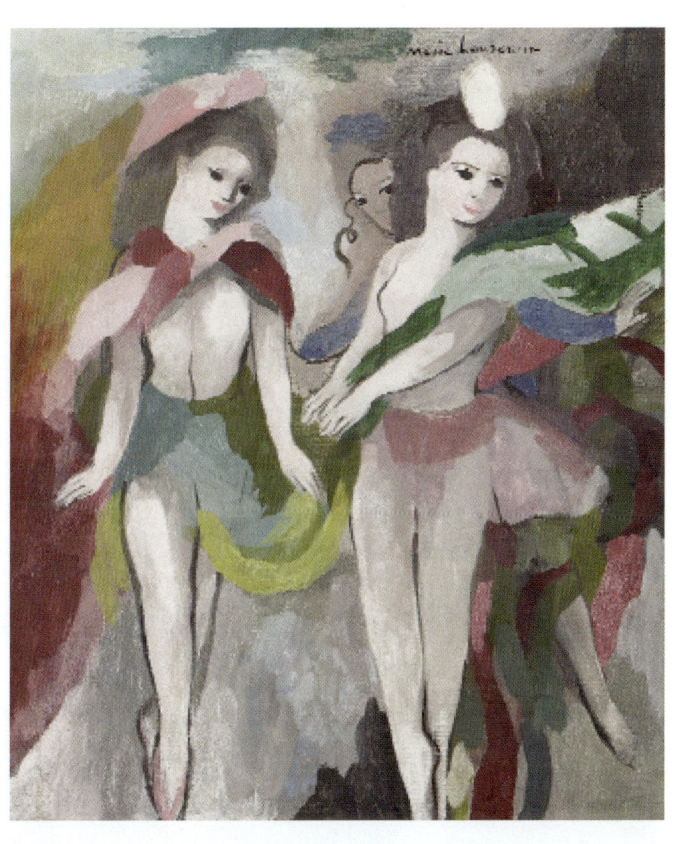

Tres bailarinas, sin fecha
Colección privada

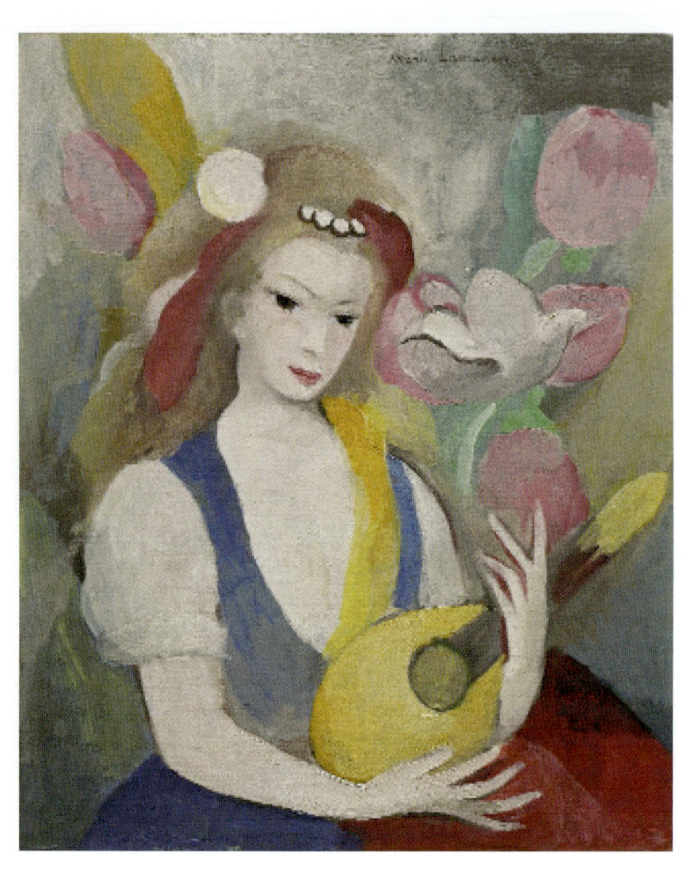

Joven con mandolina, 1935
Colección privada

EL MUNDO DE MARIE LAURENCIN

Marcelle Auclair

Si se le preguntara a Marie Laurencin cuáles son los principios de su estética y cuáles las ideas directoras de su arte, rehusaría probablemente contestar. Su inteligencia espontánea, viva, y esencialmente intuitiva la conduce a poner la intelectualidad y la abstracción en un lugar desdeñable en su jerarquía de los valores.

El principio de su arte, es únicamente el placer del espectador. Pero el sentimiento tan personal, los medios tan frescos, tan nuevos, y tan intensos de que se ha valido para gozar de ese placer, la elevan sin embargo al rango de gran artista, y Guillaume Apollinaire decía ya en 1913: "El arte de una mujer así, honra una época".

Si se considera su técnica, se verá que, desdeñosa de perspectivas y construcciones, ella se preocupa particularmente de los colores. Pero, ya lo hemos dicho, para el placer de los ojos más que por fidelidad al modelo. Elige los colores como una mujer de buen gusto podría hacerlo para adornar su casa, combinar un traje, escoger un abanico; pero sabe combinarlos con el refinamiento y el éxito que logra la naturaleza al componer las alas de las mariposas nocturnas. La sensualidad ingenua y sencilla que es base de su colorido se eleva así hasta semejar algo incorpóreo. No trata de dar cuerpo y espesor a las cosas, la nube brillante y delicada por la cual Marie Laurencin las representa semeja menos su imagen fiel que su símbolo espiritual, o el símbolo que basta pava evocarlas en sueños.

Igualmente, su dibujo sigue apenas los contornos de las cosas, pero vuelve a encontrar en las líneas reales todo lo que la gracia pediría. En sus dibujos, cada línea está a menudo llena de encanto en sí misma, y sin dependencia del conjunto.

Hay pocas líneas derechas en su dibujo, y menos aún esquinas, ángulos. Es en la armonía de líneas finas, ondulantes, en una continuación de curvas semejantes a los juegos de los pliegues y reflejos de un paño de seda, que ella busca y logra con éxito continuo seducirnos, hacernos gozar. De allí la manera muy particular con la cual trata los rostros. Marie Laurencin simplifica extremadamente la nariz (ya que entra en su estética suprimir los ángulos) y cuando no la suprime, la suaviza. Por lo contrario, le encantan los cabellos, y ella ama y nos hace amar con locura los ojos largos y negros que forman a veces contraste con las mejillas, lo mismo que las aterciopeladas flores sombrías forman contraste con el brillo de las flores claras.

Alarga sus personajes, manifestando un gusto singular en no terminar su parte inferior: los interrumpe a la altura de las rodillas, o bien los hace flotar en los aires; y, naturalmente, adora las sirenas...

Se esfuerza en borrar o disolver la realidad brutal de la anatomía; sus personajes se inclinan como flores de largo tallo. Una colección de retratos por Marie Laurencin semeja, con tantas abundantes cabelleras y ojos inmensos, un paisaje de jardines y lagos.

Sus dibujos que no son retratos nos hacen saborear además de la idealización del tema, el placer de las líneas frágiles, que, leves, sutiles, evocan bucles sedosos, sueltos.

Un crítico de arte, Roger Allard, ha dicho que el arte de Marie Laurencin es "egoísta y delicioso". Es no tomar en cuenta, según lo que pensamos, el sentido intenso de la cortesía, de las ceremonias, y de todas las deferencias que, en un grupo, un personaje impone a otro personaje. Este matiz de carácter da al arte de Marie Laurencin –que por sus otros rasgos difiere totalmente de ellas– un punto de semejanza con las frescas acuarelas inglesas y los finos grabados del siglo XVIII.

El encanto de su concepto tan espontáneo del universo, es volver a crear, idealizando si se quiere, pero en una forma muy particular: es el universo vuelto a crear según un sueño infantil, mitológico y sin arquitectura, pero coherente y perfecto en lo que responde a anhelos ingenuos y que Marie ha sabido, dejando muy lejos la banalidad acostumbrada de juguetes y muñecos, elevar hacia el arte. Ese mismo carácter se encuentra en los muy breves y escasos poemas que Marie Laurencin ha escrito; citemos esas líneas del "Petit Bestiaire" que acaba de salir en un álbum ilustrado por ella misma:

Ne crois pas Nicole
Que le zèbre est un animal
Comme le cheval.
Le zèbre est un danseur espagnol.

Marie Laurencin ha aprendido su arte y empezado a practicarlo en medio de un grupo de poetas tal como Apollinaire y del cual ha salido el movimiento surrealista, y junto a pintores cuya estética tendía principalmente a asombrar y hasta chocar al espectador.

Marie Laurencin tenía en su arte una originalidad espontánea suficiente parar lograr asombrar sin buscarlo con esfuerzo; en cuanto a chocar, era bien distinto. Su sentido de la gracia le prohibía ir contra el gusto, herir los ojos: le quedaba tratar de chocar el espíritu, o más bien ese modo de originalidad se presentó naturalmente a un temperamento de poeta del pincel como el suyo.

En sus retratos, el parecido no resulta de la semejanza con los rasgos del modelo, pero sí de la esencia misma del ser. En algunos, como el de André Gide por ejemplo, parece a veces que el parecido sea menos el de los detalles del rostro que el del estilo y la voz del modelo. Igualmente, parece flotar en sus composiciones una perversidad indefinible como un perfume. El retrato de un hombre correcto de ojos sencillos, suele invocar ciertas ideas de perversión o de inversión. Ciertas mujeres largas y finas, tienen rosadas las mejillas, pero la soltura de su actitud, la invisibilidad de su osamenta deja una impresión enfermiza, inquietante.

Esa impresión contribuye a la riqueza de su arte, y, dándole un alma compleja, difícil de analizar, misteriosa quizá para la artista misma, la eleva mucho más alto que los juegos y la moda, hasta el arte más poderoso y más completo.

París, 1926

Artículo publicado en *Martín Fierro - Periódico quincenal de arte y crítica libre*, año IV, n° 37, Buenos Aires, 20 de enero de 1927

***

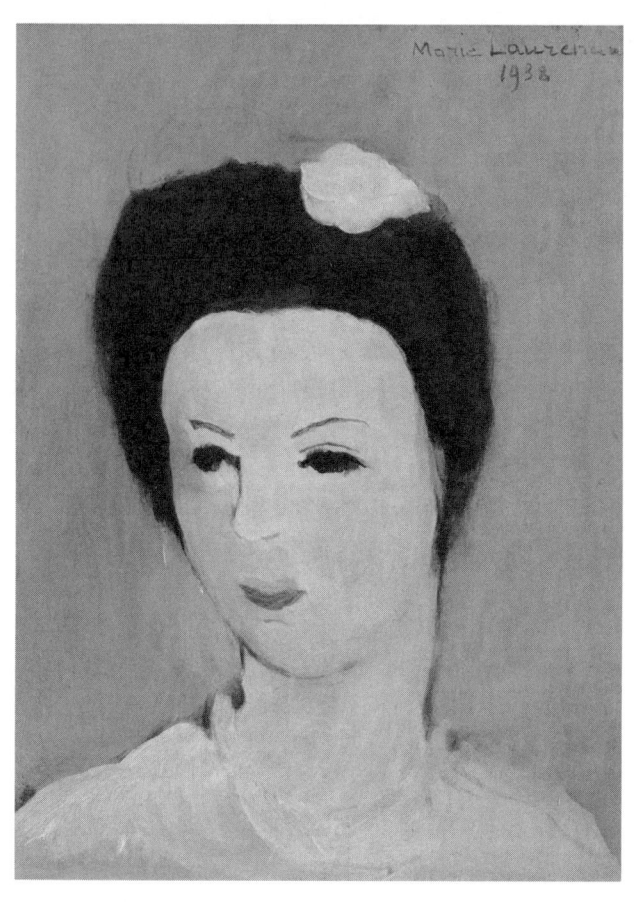

Retrato de Marcelle Auclair
óleo, 1938
Colección privada

Se oye decir: "¡Qué vanidad la de la pintura, que nos hace admirar la semejanza de cosas cuyo original no miraríamos!" La falsedad de este pensamiento es patente, pues cada pintor, quiéralo o no, representa su propio universo. Los pintores modernos, particularmente, a los que la imposibilidad de rivalizar con la fotografía aleja de buscar el parecido, crean cada cual su universo. Muchos lo crean según las necesidades o la voluntad de su espíritu: entonces varían fácilmente, como Picasso. Marie Laurencin lo ha creado, más ingenuamente, a semejanza de su alma.

Los pintores realistas que pintan la vida y el espíritu de su época, creen que su mérito consiste en la verdad, o cuando se trata de reconstituir el pasado, en una reconstrucción idealista; pero lo que nos encanta son sus involuntarias invenciones. La imaginación y el entusiasmo les revelan aspectos nuevos, que sus obras nos muestran. Así, los países, cuyas bellezas naturales no han sido aún pintadas por un gran pintor, o cantadas por un poeta auténtico, no tienen, puede osarse decir, existencia artística. La belleza del tipo negro no conmovía a nadie antes que algunos creadores hayan agregado este universo al universo. Walt Whitman ha dado existencia literaria a los Estados Unidos. Gracias a algunos pintores, México es el país de Sud América cuya fisonomía artística es más familiar en

Francia. Figari nos ha abierto recientemente los anticuados salones y las fiestas de negros de la época de Rojas en Argentina.

Los Flamencos, cuyo mérito parece ser una minuciosísima observación, son inmensos creadores: ellos han creado esas bellas ollas de cobre de las cuales nadie, antes que ellos, había evidenciado el rico brillo. Para embellecer así la realidad, se precisa tener más robusta imaginación que para inventar.

Los inventores, que vuelven a hacer un universo conforme a su capricho y su agrado, son, sobre todo, de imaginación viva y algo displicente. Casi ninguno escapa al preciosismo. Son curiosos y entretenidos, más que realmente grandes. Sus imágenes son menos sencillas, obligan al espectador a reflexionar para seguir al pintor en su construcción ideal, y en cuanto hay que pensar ante un cuadro en otra cosa que en el dibujo y el color, se arriesga a que nos plazca por razones que nada tienen que ver con el verdadero amor a la pintura. Esos pintores agradan y ocupan infinitamente el espíritu, y serán, sin duda, cada vez más los predilectos. La fotografía ha liberado al artista de la obligación tácita que hasta entonces le exigía dar de cosas y gentes una imagen leal: se deseaba, antaño, dejar a los descendientes un retrato lo más parecido posible; hoy, se les deja un Van Dongen o un Marie Laurencin, además de un surtido de fotografías diversas. Se puede, pues, permitir hoy la fantasía a los artistas; su invención puede darse curso libre.

La invención no es siempre idealista: al contrario, véanse los caricaturistas, y los pintores imaginativos con tendencia caricaturesca: Rousseau, particularmente, en *La Boda*; Seurat, en *El Circo*; Rouault, en sus mujeres, sus jueces.

El universo de Marie Laurencin sería caprichoso sin su unidad de concepción. Y se acerca al arte del caricaturista por el espíritu algo burlón (bajo cándidas apariencias) que deja trasparecer. Este último rasgo no es común a todos sus cuadros, pero basta ojear un conjunto de reproducciones de sus obras principales para reconocer las telas en las cuales Marie Laurencin ha esgrimido un pincel maliciosamente aguzado.

Nos transporta a una Arcadia para gente "bien", sin cazcarria, sin antiguallas, sin reminiscencias ni pedanterías. Su arte debe poco a la literatura. Si sus cuadros evocan a veces a Francis Jammes, es porque ambos aman ciertos detalles estilo *segundo imperio*, y porque en los poemas de él, como en las pinturas de ella, seducen dones análogos de frescura y sencillez. Las muchachas de crinolina de Jammes, sus terneritas coronadas con flores, estarían bien en la Arcadia de Marie Laurencin. Los personajes de Marie

Laurencin evolucionan en un ambiente libertado de los libros y del pensamiento. Es un auténtico pintor. Para ella, una mujer, sea ella inteligente o gentilmente boba, es rosa y rubia, rosa y gris, rosa y azul.

Es uno de los pintores contemporáneos que presentan en su obra mayor unidad. ¿Método? No tiene método, sino que sueña a menudo la misma cosa.

El encanto de su concepción espontánea del universo, es que crea de nuevo, idealizando si se quiere, pero de modo muy particular. Es un universo creado según su sueño infantil, mitológico y sin arquitectura, pero coherente y perfecto, pues corresponde a aspiraciones ingenuas que Marie ha sabido elevar hasta el arte.

Deja muy atrás la habitual banalidad de juguetes y muñecas. Su universo es infantil, sin ser pueril. El juguete, por lo demás, no corresponde al sueño de los niños, ya que siempre lo fabrican personas grandes. Corresponde –muñecas, caballo, juego de construcciones, armas– a sus anhelos de dominación tierna, a sus ambiciones turbulentas. Habría que dar a los trapos informes que llegan a ser los juguetes predilectos, la gracia y el alma que les prestan los chicos.

Se mezcla al universo de Marie Laurencin un perfume "rococó", una atmósfera de romanza, acusada con humorística franqueza.

El rostro humano

Los rostros forman la parte más importante de la obra de Marie Laurencin. El rostro humano es lo que ella prefiere, pero el rostro vuelto a inventar según los principios de su universo, y su muy personal modo de comprender el dibujo y amar el color.

Simplifica extremadamente la nariz –ya que entra en su estética suprimir los ángulos–, y cuando no la suprime, la suaviza. Por el contrario, adora los cabellos; ama y nos hace amar con locura los ojos largos y negros, que contrastan a menudo con las mejillas, como las aterciopeladas flores sombrías contrastan con el brillo de las flores claras.

Una colección de retratos por Marie Laurencin semeja, por esa abundancia de cabelleras sueltas y ojos inmensos, un paisaje de jardines y lagos.

En esos retratos, el parecido no resulta de la reproducción exacta de los rasgos del modelo, sino de la esencia misma del ser. En algunos, en el de André Gide, por ejemplo, parece, a veces, que el parecido esta menos en los detalles del rostro que en la voz y en el estilo del modelo. Igualmente, en sus composiciones, parece flotar una perversidad indefinible, como un perfume. El retrato de un hombre correcto de ojos sencillos suele evocar ciertas ideas de perversidad o inversión. Algunas de sus mujeres

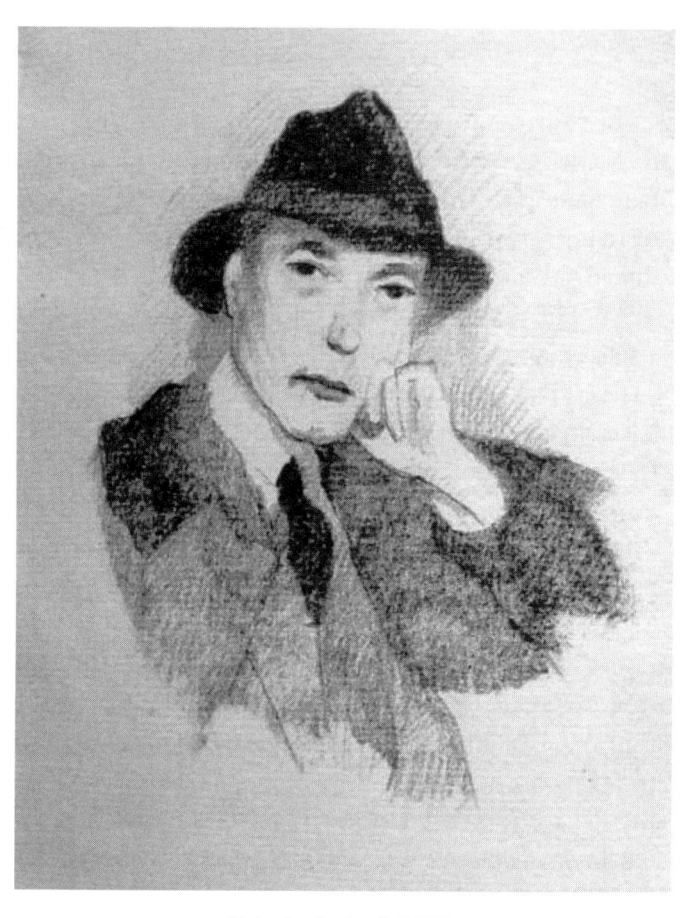

Retrato de André Gide
carboncillo, 1922
Ilustración de libro

Marie Laurencin viste a sus mujeres con sencillez aún más extremada, pero el *Journal des Modes* (periódico de elegancias femeninas de gran renombre en el Segundo Imperio) parece describirnos, en el párrafo citado, uno de sus cuadros. Si en alguna parte deben buscarse las influencias que pudieron ejercerse sobre Marie Laurencin, no es seguramente en el Museo del Louvre. Se hallarán, mucho más, los orígenes de ciertas formas de su gusto hojeando el *Journal des Demoiselles*, del cual posee una hermosa colección.

La atmósfera de elegancias acompasadas, Hijas de María transformadas en damas de sociedad, que caracteriza la segunda mitad del siglo XIX, impregna los retratos de Marie Laurencin, curiosamente mezclada con influencias modernísimas, que rompen la reserva convencional de esas señoritas bien educadas, dándoles la mórbida flexibilidad de las sirenas. Y aún medio desnudas, guardan una actitud llena de dignidad.

En las modas del Segundo Imperio es donde ha tomado amor a esos peinados complicados que nuestras modas no habrían podido darle: peinados compuestos como jardines a la francesa, con sabio arreglo de céspedes y grupos de árboles. Volvemos a encontrar en el *Journal des Demoiselles* algunos de los temas de Marie Laurencin: "Peinado de jovencita. –La raya del medio llega hasta la vertiente de la cabeza, en donde otra raya en ángulo agudo determina el punto de separación de los cabellos."

"Esas rayas 'a lo emperatriz', que caracterizan los peinados de moda, se hacen fácilmente por medio del partidor Croizat, cuyo modelo hemos dado."

"En cuanto los cabellos estén bien divididos, todo es fácil. Se dispone la cabellera, por detrás, en un moño torcido, entrecortado de terciopelo, que termina en puntas flotantes, y, por delante, la parte vecina a la crencha, forma un bandó liso, sobre el cual se coloca un terciopelo. Después se doblan los cabellos de las sienes en bandos crespos que permiten colocar delante lacitos de terciopelo o azabache."

Arte exquisito y complicado, que hace de una cabecita un verdadero jardín.

Sobre los cabellos flotantes de sus mujeres, Marie Laurencin coloca gorritos variados, capotas encintadas, redondos sombrerillos, de donde cuelga una pluma.

"Se notó la rareza de su peinado, en cuya composición entraban dos palomas..." ¿Acaso es la descripción de un retrato por Marie Laurencin? Es un extracto del *Correo de París*, en el *Magasin des Farrulles* (revista de modas Segundo Imperio). Es seguro que Marie Laurencin no busca voluntariamente en los periódicos de esta época los detalles deliciosos que en sus cuadros nos encantan, pero, impregnada del espíritu de esta época a la cual apoda con un nombre de su invención, *poussiquette*, vuelve a inventar espontáneamente sus rasgos más delicados.

Por lo demás, Marie Laurencin se aleja fácilmente de esta época predilecta. No se nos olvide que un grano de pimienta condimenta a menudo sus invenciones: he aquí que aparece la *gigolette* de Montmartre, reconocida por una cinta anudada alrededor del cuello con mano nerviosa, en sus actitudes más francas. (Tipo que desaparece del París actual, la *gigolette* es de antes de la guerra.) Sus damitas del gran mundo y esas chicas pícaras coinciden en su gusto por las romanzas y el sentimentalismo, por los canarios ingenuos también. En los cuadros de Marie Laurencin, la *gigolette* es la única cuya mirada tiene cierta intención, cierto pícaro guiño.

De España, Marie Laurencin ha traído una guitarra, una mantilla, con la cual oculta a veces un ojo de su modelo, y también la noción de que las mujeres suelen tener cejas…

Ha traído igualmente un ritmo más preciso y más vivo, cierta pasión por la languidez, que da a algunas de sus telas un acento que no tienen sus retratos parisienses. Ritmo de acuerdo con ese poema de su *Petit bestiaire*:

Ne crois pas Nicole, Que le zèbre est un animal
Comme le cheval, Le zèbre est un danseur espagnol.

Plantas, caballos y perros

Casi todos los artistas cuyo arte da a los profanos gran impresión de torpeza, producen dicho efecto porque cada elemento del conjunto está individualizado. La armonía de su tela, cuando no hay más remedio que reconocerla, parece menos ser un estado inmóvil que el buen tono, el acorde consentido, de una sociedad de seres o cosas. Para no hablar sino de lo que se presta a ser comparado con la manera de Marie Laurencin, se podría decir que los árboles de todos los primitivos italianos, y los del mismo Giotto, son visiblemente cristianos. Igualmente, las plantas delicadas, los árboles gigantes o enanos del Tamaro y de todo el arte idealista japonés, tienen la elegancia y la heroica desenvoltura de los samuráis, a no ser que afecten el aspecto brumoso y atormentado de los demonios del budismo vulgar.

Y esa transfiguración, casi siempre involuntaria, está muy lejos del artificio con que dibujan otros artistas formas ambiguas entre la forma humana y la vegetal. Se puede reconocer que ese último artificio ha inspirado a muy grandes artistas. El paganismo del Renacimiento ha vuelto a poner las Dríadas en todas las encinas, y para citar sólo los ejemplos más grandes, algunos de los paisajes, con los fondos más enérgicos y singulares, de Alberto Durero, sacan sus efectos más inquietantes de esta ambigüedad mitológica.

La transfiguración únicamente moral, más ingenua en sus medios, de los primitivos, de los japoneses, de Marie Laurencin, muestra a la vez un espíritu menos tendido hacia las cosas de la naturaleza y más familiaridad con ella. No se trata de hacer de la naturaleza una religión, sino una amiga. Y si volvemos a hablar aquí de los japoneses, es que nos suministran el ejemplo más claro de esta forma de sentir. Un maestro de flores, un hacedor de ramilletes, uno de esos que cultivan las flores en macetas, no quiere buscar misterios en las flores flexibles y delicadas que maneja a su manera. Ama y conoce su forma natural, pero, además, sabe disponer, doblar los tallos, abrir los pétalos, hasta obtener una expresión que corresponda a su fantasía. Las plantas son entonces, para él, algo así como muñecas cuyas formas son dadas por la naturaleza. Su arte, a veces, las mutila algo, pero no las modifica. Su principal medio es disponerlas.

Marie Laurencin tiene algo de este modo de ver y sentir. Las formas de los vegetales que representa serían una prueba de ello, pero he aquí la prueba más material, más gruesa: las flores o las ramas que prefiere, que coloca en primer plano, están siempre cortadas y llevadas en la mano.

Peludos y pesadotes los perros que Marie Laurencin pone en los brazos de sus modelos, contrastan con sus mujeres lisas y finas.

Suelen también, alrededor de las más flexibles, saltar galgos livianos cual cervatillos.

Uno de sus retratos es todo mirada: ojos en forma de almendra, de la mujer; ojos igualmente largos, pero oblicuos, del perro cuyo hocico oculta una mano para dejar a los ojos toda su importancia.

En la falda de la inocencia, Marie Laurencin pone perritos crespos, de ojos redondos y bonachones.

Un muchacho baila con un perro, cuya ingenua pesadez es hermana de la gracia infantil.

Junto a las amazonas y sus *poneys* se ven perros de caza, de orejas largas y crespas, que saltan y ladran.

Perros de juguete, que parecen de felpa tosca, pero que sobrepasan al juguete por la ternura humana de la mirada. Las mujeres de Marie Laurencin no son tiernas. Sus perros lo son. Ellos expresan lo que disimulan esas mozas orgullosas o coquetas: el deseo en acecho, la dicha de estar junto a quien se ama, el despecho, los celos.

En vez de tener el aspecto de fidelidad pasiva que la mayoría de los pintores dan a los perros, los perros de Marie Laurencin tienen la independencia que la leyenda presta a los gatos.

Sus formas, que van del ciervo al oso, parecen estar menos de acuerdo con las formas de sus verdaderas razas que con sus caracteres.

Los animales desaparecen de nuestra civilización. Son hoy de gran lujo: sólo se monta a caballo –no hablo de los países que no tienen aún caminos perfectos– por capricho, por *sport*. Los caballos aparecen en la obra de Marie Laurencin con este carácter; ellos, que parecen reservados a los artistas de la línea y del volumen, dibujantes, escultores de animales. No pintarlos con extremada precisión, observación aguda, parece imposible. Marie Laurencin triunfa de esas dificultades.

Los vuelve a inventar de memoria, como vuelve a inventar las mujeres, a las que apenas mira cuando las retrata. Marie Laurencin sólo pone en sus cuadros animales familiares, los que comen en la mano: perros, caballos, palomas. Pero tiene, a pesar de todo, predilección por los caballos. La hemos visto tentada a comprar un apartamento algo triste, pero que tenía vistas al gran patio de un picadero:

–Estaría –decía– el día entero mirando los caballos con anteojos de larga vista.

No se resolvió: –La muralla del frente es triste. Necesito, al fin y al cabo, ver lindas casas, en calles donde van y vienen mujeres bien vestidas.

Vive ahora cerca de un convento: ve monjas que cruzan grandes jardines. Esta Arcadia mística le agrada tanto como la vecindad de las graciosas muñecas que sólo aman el "mundo", el Bois de Boulogne, los tés elegantes, Deauville. El encanto anticuado de las tocas monjiles tenía que agradarle.

Si Marie Laurencin hubiese tenido ocasión de mirar constantemente las evoluciones de los caballos bien adiestrados, no hubiera pintado animales más exactos; y si por casualidad lo hubiese hecho (su capricho puede a veces llevarla a dibujar con precisión, tal como lo ha hecho en el curioso retrato de una mujer de moño banal, cuya reproducción se puede ver en la Galería Rosenberg), nada hubiéramos ganado.

¡Adorable gracia tosca de sus potrillos! Pues pinta la infancia de los animales, de acuerdo con su gusto por la juventud. Los modos torpes y flexibles de sus *poneys* y potrillos, es la nota de su técnica de pintor. Sus caballos son los mejor escobillados, lustrados y adiestrados según el código de las gracias mundanas que se puedan ver; caballería de paseo, a medio camino entre *Las memorias de un asno* y las novelas de Octave Feuillet.

A veces son parientes de los caballitos del circo –pero sin el aspecto de enternecedora sujeción y los caparazones de sedas y brillos– por su cortesía ritual y un *no sé qué* de rimado en el andar. Con qué delicadeza refinada, tímida, amorosa casi, ese potrillo blanco besa la mano que le tiende un hada-muchacha, de tobillos tan finos que sólo puede vivir recostada, más princesa aún que aquella de quien Andersen nos cuenta la historia, que, a través del espesor de veinte colchones de plumas, fue molestada por una abeja: ¡es la auténtica princesa!

Sus caballos son tan indolentes y pesadotes como son finas sus mujeres. Logra ese efecto no dándoles las patas nerviosas que ama Géricault: es en la cabeza y los ojos donde llevan la insignia de buena raza. Por lo demás, Marie Laurencin odia el suelo, y eso la lleva a esbozar apenas lo que en el suelo debe reposar. El cuello lleno de gracia, el pechito honesto y anhelante, las crines como madejas de seda, hacen de esos caballitos, afectuosos y vivos juguetes.

Se piensa más en acariciarlos que en montarlos. Sin embargo, montados, a veces, por un adolescente más audaz que las amazonas de lindas faldas, piafan y caracolean. En el silencio elíseo del país rosa y azul donde viven, osan relinchar, y las mozas de largos ojos los apaciguan posando en su cuello una mano.

Aprecian el honor que se les hace, y tratan de compensar, por la flexibilidad de su cabeza, la torpeza de ser cuadrúpedos. De vez en cuando uno de esos caballitos parece de lejos un oso blanco: gran honor le hace Marie

Laurencin al caballo, que tiene fama de inteligente gracias a su asombrosa memoria y a la elegancia casi intelectual de sus movimientos; pero es bobo, muy bobo, comparado con un oso blanco.

Junto a la gracia perezosa, fácilmente inclinada a exquisita torpeza infantil de los cuadrúpedos, los pájaros que Marie Laurencin dibuja con rasgos agudos, rápidos, delicados, parecen representar el alma, la canción. He admirado a menudo la certera intuición de las tórtolas del Jardín del Luxemburgo, que saben elegir, para posarse, la mano de una estatua, el borde de una fuente, donde mejor pueden hacer admirar su cabecita redonda, más lisa que la piedra, y de un color gris más fino. Las palomas de Marie Laurencin saben adornar con su forma afilada el peinado de una mujer al parecer enamorada de sí misma. Vienen, a todo vuelo, a picotear unos labios, una frente.

En los retratos en donde la guitarra es un accesorio silencioso, el pájaro, volando de las páginas de un cuaderno, o apareciendo, apenas diseñado, en un fondo vago, evoca la armonía secreta de esas hermosas mujeres que no saben tañer.

Marie Laurencin dibuja, a veces, los finos barrotes de una jaula alrededor de un canario de filigrana. Sonreímos: gratuita reminiscencia de *Mimí Pinson* [novela de Alfred Musset], en ese universo de las libertades ceremoniosas, en que todo animal, hasta esos leoncillos que se confunden con perros falderos, están amaestrados.

Il mange et chante,
C'est un oiseau.
Et par caprice
Il chante un air bien triste,

dice Marie Laurencin de un ruiseñor.

De nuestra época y del mundo, los personajes de Marie Laurencin están aislados por sus entornos.

Este horizonte limitado es otro rasgo de un mundo infantil. Trátese de mostrar a un chico de dos años un campanario, un barco a lo lejos: él no lo verá. Observemos que sus propios primeros recuerdos son, siempre, de objetos cercanos, y que en nuestra memoria el mundo va extendiéndose progresivamente, siguiendo nuestro progresivo crecimiento.

Las mujeres y niños que pinta Marie Laurencin parecen pesar apenas sobre el suelo, sobre hierbas sin más consistencia que una nube, y sin nada que indique con precisión un clima, una estación. Los ramos parecen nacidos en manos de las niñitas, y las flores son flores-mujeres, expresivas y sensuales.

Fascinada por ese primer plano en donde se reconcentra toda acción, toda atención, la mirada se desinteresa del fondo, vago e inexistente, que mejor que murallas aísla del universo. Es la prisión sin paredes ni puertas en donde el encantador Merlín encerraba por magia a las hadas.

Nada de esas perspectivas que son como caminos hacia el mundo que se adivina. Personajes ante montañas y lontananzas, implican siempre una acción posible, aunque el autor no la indique.

En esas alamedas y bosquecillos cerrados por la vaguedad y despreocupación de la lejanía, el elemento natural de los personajes es el reposo.

Actitudes

Marie Laurencin ha pintado el retrato de algunos hombres. Pero se imagina, difícilmente, a un hombre confinado en el aislamiento perezoso y perfumado, atmósfera de sus cuadros.

Es, pues, muy particularmente pintora de mujeres jóvenes, bellas y delicadas, y de niñitas que desde los ocho años saben pulirse las uñas. Admiremos su *Ronda infantil*. Cada una de esas pequeñas ya está segura de la distinción de su porte, y tiene la libertad de actitud de las criaturas ricas y mimadas. Ignoran todo lo que no es lujo y placer, están ya colmadas y son algo tristes. La que se inclina, una rama en mano, parece coger el último laurel: "Ya no iremos al bosque, cortados están los laureles..." Siempre he pensado que esta canción es algo triste para ser ronda para niños. Cuando la cantaba de pequeña, enternecía mi voz.

Esas pequeñas son, en verdad, las de la Biblioteca Rosada, y más particularmente, las pequeñas heroínas de la condesa de Segur, a quien adora Marie Laurencin: viven con los pies sobre el césped, pero el ruedo de sus crinolinas les impide tocarlo con la mano.

Las mujeres que pinta Marie Laurencin son esas mismas criaturas ya crecidas, o más bien, las jóvenes madres de esas pequeñuelas. Pertenecen a la misma época-Marie-Laurencin; tienen, igual que ellas, unas guitarras silenciosas, juegos anticuados abandonados sobre el césped, abanicos inútiles para quien no quiere hacer volar sus cabellos, pero que lucen destacando bien del cuerpo la mano que los sostiene, como el niño lleva el globo cuyo color le encanta.

Esas mujeres frágiles parecen indiferentes al mundo exterior. Llevan una flor, un pájaro, un perrito, con la expresión lejana, aristocrática, de personajes alegóricos sosteniendo sus atributos.

Sus actitudes son graciosas y torpes: la distinción prohibía antaño los gestos útiles. No sé qué viejo autor señala a una joven dama, cuyo atrevimiento era tal que abría ella misma las puertas... Marie Laurencin instintivamente se ha puesto en armonía con este concepto de lo que debe ser una gran señora.

Mirad sus *Remadoras*: la que está remando sostiene su remo como sostendría una escobita de muñecas. En su retrato de dos hermanas, una de ellas ha posado sobre el jarro largos y finos dedos, tan torpes, sin embargo, que esa muchacha no sabrá, ciertamente, llenar un vaso con agua sin derramar el líquido en la mesa. Sus músicas no tañen: alargan sobre la del instrumento manos de inmóvil delicadeza.

Gracias a la magnífica calidad de su pintura, a la seguridad de su técnica, Marie Laurencin ha podido convertir en belleza pictórica sus dones deslumbrantes de poesía y ensueño.

Sus personajes se inclinan como flores de largo tallo. Los alarga a gusto, encarama las mujeres sobre pies estrechos y puntiagudos como los de las bailarinas que bailan en la punta de los pies. Le sucede a veces que ni termina la parte inferior de sus mujeres: las interrumpe a la altura de las rodillas y las hace flotar en el aire.

Y, naturalmente, adora las sirenas.

De los cuerpos frágiles, ondulantes, se ha esforzado en borrar o disolver la realidad brutal de la anatomía.

Igualmente, el acto exacto le repugna. Se podría, al referirse a la mayor parte de sus personajes, repetir la pregunta que sugiere el *Gilles* de Watteau [cuadro de 1719]: "¿Qué hace? ¿Por qué tiene así sus brazos?" Se le ha apodado *El indiferente*. Las mujeres que pinta Marie Laurencin son así, caprichosas, apartadas de todo lo útil, indiferentes también.

Acabamos de nombrar a Watteau: su recuerdo, y el de esos pintores de la gracia que son los maestros del siglo XVIII, vuelve a menudo a quien se ocupa de Marie Laurencin. Se acerca a ellos por su propósito constante de lograr un efecto de encanto y elegancia, por la fantasía de actitudes que sólo buscan ser bellas. Pero a la gracia espiritual y picante de un Watteau, opone su gracia perezosa y soñadora, con ribetes de romanticismo y de "romanza".

¿Acaso es por esa arbitrariedad en la gracia por lo que Roger Allard ha dicho del arte de Marie Laurencin que es "egoísta y delicioso"? Es no tener en cuenta, nos parece, el sentido intenso de la cortesía, de las ceremonias y de todas las deferencias que, en un grupo, un personaje impone a otro personaje.

Pero las atenciones de unos personajes hacia los otros, su preocupación de agradarse, de darse mutuamente importancia, no nos debe hacer creer en una disimulada lección de amor al prójimo. Veamos en ello el modo más seguro que se pueda adoptar para mantenerse independientes y secretos los pensamientos y sentimientos.

Cuanto más prodigamos a quienes viven con nosotros refinadas atenciones, más podemos encerrarnos en impenetrable reserva.

Todo es impecablemente armonioso en los grupos de Marie Laurencin. Los gestos y las actitudes de unos y otros personajes se responden tan justamente como las diversas voces de un canto bien compuesto. Comprensión meramente exterior: las miradas están ausentes, los labios cerrados, cada uno persigue su sueño sin comunicárselo a nadie. Es la atmósfera de las reuniones mundanas; pero las mujeres de Marie Laurencin no tienen la mirada acerada de las espirituales cotorras de sociedad: son flores preciosas, algo tristes, que, mostrando sus más vivos pétalos, logran guardar para sí solas el secreto de sus perfumes. El encanto de estos grupos no es comunicativo; en la Arcadia de Marie Laurencin, el placer es refinado, pero sin alegría.

En los ojos de esas mujeres, como en los salones, el hastío es la forma aristocrática que reviste al pensamiento.

Este sentido de las ceremonias bien ordenadas, es el que da a los grupos de Marie Laurencin un movimiento de ondulante silencio, o de uno de esos espectáculos de circo en que las relaciones de los actores con los animales y las cosas están sometidas a ritos establecidos minuciosamente.

Nuestra época ya no ama la ondulación clásica. También Marie Laurencin cree, tal vez, no gustar de él, pero conserva la tradición de sus gracias nimias, la afectación de sus pies estrechos y puntiagudos, y, en la liviandad de sus mujeres, una elasticidad algo mecánica, un salto evocador de los *pizzicati* de la ópera antigua.

Por el contrario, el circo está de moda. Los buscadores de sensaciones aman lo que hay en él de brutal: la luz fuerte, el escalofrío de miedo que a veces produce. Pero se les escapa un lado delicado y pueril del circo; precisamente, lo que hay en este espectáculo de concertado, convencional y gentilmente suntuoso.

Cada número de circo es, en sí, completo y perfecto, como un buen poema. Con ciencia admirable de la progresión, el malabarista más necio, si es un buen malabarista, sabe conducirnos de la presentación sonriente a los ejercicios más complicados, graduando sus efectos tan hábilmente que no dejamos de creer en un juego, en algo como la música del gesto. No hay espectáculo que nos mantenga más anhelantes, sin recurrir al pensamiento. Es como una mano grande que nos va apretando, soltando, apretando de nuevo. El peligro, más auténtico que en el cine, es menos evidente en el circo, pues el orden y la medida, base de sus ejercicios, nos dan la sensación de facilidad.

De vez en cuando, nos comunica verdadera angustia, subrayada por los tradicionales redobles de tambor, a la que sigue enseguida el más auténtico alivio: el grito de contento del público se une al grito de triunfo del acróbata que termina su ejercicio, y cuando él se sonríe, cuando hace su saltito de saludo final –pirueta imprescindible para distender los nervios de los espectadores–, el público, vivificado, se aplaude a sí mismo de no tener ya miedo.

¿Cómo no habría de gustarle el circo a Marie Laurencin? Encuentra en él, además de un conjunto de ceremonias pueriles y encantadoras, mil cosas acordes con el tono de su obra: el gesto gratuito, que no toma parte en acción ninguna, en ninguna intriga, el gesto puramente actual, sin pasado, sin porvenir. Todo allí, como en sus telas, en primer plano, sin otra decoración ni otro horizonte que la pista y las cortinas casi uniformes de la entrada. La mujer, bailarina, domadora, brilla allí como una flor única y fantástica, se lanza como un aerolito que Marie Laurencin logra pintar en el momento más claro de su fugitivo brillo.

Artículo publicado en *Revista de Occidente*,
nº LXIV, Madrid, octubre 1928

MARIE LAURENCIN

Ramón Gómez de la Serna

Marie Laurencin pinta como con pintura de tocador, con cremas, con barritas para los labios, y diluye las pinturas en esencias de las más caras, y con las más suaves polveras da los últimos toques, fijando lo que sale de esa encantadora mezcla con pulverizadores que barnizan sus cuadros como ningún barniz. Todos los pintores habían luchado por alcanzar la femineidad y sólo Marie Laurencin la ha encontrado. Ella ha descubierto los secretos de las mujeres en enaguas, en otras enaguas más sutiles que las que ven los que las pintan en enaguas. Marie Laurencin ha estudiado a todas esas honestas o difíciles señoritas que se componían y se vestían frente a ella sin desconfiar y a las que ella miraba sentada sobre la cama de su alcoba.

¡De qué pura aristocracia del espíritu resulta Marie Laurencin! Ha visto su espíritu fuera de ella, asomándose a los balcones de los palacios con ancha balaustrada de piedra o mármol; ha visto lo que de femenino se esconde detrás de los biombos, detrás de las puertas en que está tapado el ojo de la llave, en los baños en que ni la doncella puede entrar a ayudar a vestirse a la señorita. El alma elegante, suave y linda, de Francia a nadie la ha dado más esencialmente, salvándola a esa actualidad precipitadora que los otros no saben resolver.

Con ella se me apareció en el Madrid de 1918 su gran amiga Nicole Groult, la gran modista francesa, la íntima artista del traje frente a las industriosas y públicas modistas, tales como madame Paquin. Llegó vestida con un traje admirable, corto, bajo cuya falda se veían las botas de montar de caña acordeonada, esas botas que fueron durante aquellos años una moda atrevida y airosa. Nicole Groult, con la mirada de los ojos muy redondos –grandes cabujones de su mejor de sortija– en su cara ancha, tenía ese cutis satinado, pulido de tanto haber sido limpiado con las mejores pomadas y las más celestiales aguas, afinado también por haber traspirado los ambientes más artificiales y más elegantes, y también por vivir en su casa de Paris, cuyos rincones nos ha enseñado, y cuyas alfombras blancas no nos hemos atrevido a pisar en nuestras visitas a París. (¡Habría que ver una reina francesa siglo XX! ¡Qué medias caladas y esplendorosas ¡Qué traje para cegar!

74

Era la modista que interpretaba los trajes ultramodernos que necesitaban las figuras de madame Laurencin. Tan íntima era su compenetración, que madame Laurencin se había cortado sus largas trenzas rubias y se las había regalado a Nicole Groult para que se hiciese una peluca. ¡Peluca gloriosa! ¡Préstamo de un poco de la aureola de la graciosa pintora!

Sobre los cabellos, de un rojizo rubio veronés, de Nicole Groult, aquella peluca viva y llena de pensamientos fascinará con la doble gracia de Marie Laurencin y de Nicole Groult.

Se fue contenta con su nueva peluca, con los cuadros del gran Picabia y con aquella vela rizada que la asombró en mi despacho y que yo le regalé. (¡Qué graciosa con la vela frágil en la mano como con un ramo de flores delicadísimas, hasta llegar a su habitación número 565 del Palace, y después con ella en la mano hasta llegar a París!)

A esa amiga orquídea le dedicó Marie Laurencin estos versos en que se acordaba de España:

Ne crois pas Nicole
Que le zèbre est un animal
Comme le cheval.
Le zèbre est un danseur espagnol.

Difícil mujer y difícil artista Marie Laurencin. Le molestan las formas, odia el mundo como si fuese algo demasiado grosero y tosco para su sensibilidad. El mismo Fragonard le parece un ejemplo de estulticia, de violencia, de apretar el lápiz y apretar las pinturas.

¡Admirable mujer a la que da jaqueca todo, a la que se ve estar jaquecosa de todo! ¡Con qué mimo, con qué espera de sus palabras, con qué cautela tratarla hasta un extraño!

No es la ridícula y meliflua voz baja la que ella necesita, ni la dulzura en la voz ni en los ademanes, sino que no se hable, que no se exista, que uno se disimule hasta más allá de la muerte ya. La ofenden –se podría decir– todas las cosas que se le presentan, que se destacan en la vida.

Sólo los contornos más soporíferos de la vida, y eso con irritación de obsesionada, y eso porque no tiene más remedio, es lo que recoge Marie.

– Marie, ¿cómo está usted? –le digo a través de los años cuando la vuelvo a ver, cuando me honro visitándola, y tengo una gran timidez al decirle esas palabras y no tengo la osadía de esperar la respuesta aunque ella me la otorgue.

No se me olvidará el día que subí a su buhardilla, imitación de buhardillas como las reinas de Francia imitaban masías en sus Versalles.

Sobre su cama estaba el traje nuevo de la anunciación de la moda, aun tendido como salió de la caja de la modista, sin haber levantado aun la cara a la vida.

Allí, entre objetos de una finura suprasensible, habiendo tirado por la ventana los innumerables objetos que se podría sospechar que ella ha necesitado alguna vez, pero que no necesitó nunca –lacas, porcelanas, cristales–, Marie Laurencin pinta sus cosas desjugadas, sutilizadas, de las que borra todo lo que se podría llamar pintura, todo lo que no es espectro inmaterial.

Ella me ha dejado penetrar en el secreto de su pintura y yo puedo asegurar cómo es hijo de su pura alma, dada a todas las impurezas sólo por investigar. Ella dibuja cn un papelito el recuerdo en lo que tiene de más imprescindible, en lo que tiene de más imposible de no conservar, y después ese dibujo fabricado con todo el desgaire y la displicencia de un alma que odia los contornos, es lo que ella agranda en sus cuadros.

Lo que de más supremamente trivial encuentra en las mujeres, esa cosa de corderas sensuales que tienen, es lo que apunta Marie Laurencin. Llega a los abismos de la pasión y del hastío para encontrar sólo eso, buscando sólo eso.

¡Qué sabia! ¡Qué inaudita! Nunca complicó su espíritu. Su desprecio, su visión en el vacío femenino ¡llena de qué náusea imprecisa, vaga y delicadísima está!...

–Comprendo en tus cuadros ese secreto que lanzas con toda suavidad, muy empolvado, muy vago, entusiasmando con eso al mundo… El vértigo que siente la mujer en la mujer es el que sientes y descubres a los que miran por el ojo de la cerradura. ¡Pero qué gran mueca de desdén, de comprensión y de puerilidad la tuya! Por lo menos, de tu gran aprendizaje, de tu gran experiencia osada y esforzada has sacado esas deducciones sencillas, simples, dibujadas como quien no hace la cosa y que son el mayor descubrimiento femenino que se conoce… ¡Magnífica indiscreción la tuya! ¡Indiscreción de fin de mundo!

Midinette suprema, supremización de la señorita ideal que se ha visto en un restaurante modesto, estilización de la dama sola que se ha visto en la más predilecta silla de los circos.

Como nuestro supremo ideal hubiera sido ser parisiense de París, esta mujer, que tiene la magia de prolificar lo que se entrevé de lo femenino de París, es nuestra más fina seducción.

Texto escrito en 1931
© Gladys Dalmau de Ghioldi

78

31 octubre de 1883, nace en París, hija natural, no reconocida, del diputado Alfred Toulet y de Pauline Mélanie Laurencin, bordadora de origen normando. Su padre visitará regularmente a su madre y proveerá a los gastos de ambas, sin saber Marie que se trata de su padre.

1901. Tras estudiar, primero, en un colegio religioso y, luego, en el Lycée Lamartine, supera su examen de *baccalauréat*. Se inscribe en la Escuela de Sèvres para aprender a pintar sobre porcelana, así como en clases de dibujo y grabado con el maestro Eugène Quignolot y de pintura con la pintora e ilustradora Madeleine Lemaire. Su madre borda algunos de sus dibujos.

1902-1904. Se matricula en la Académie Humbert, escuela privada de Bellas Artes, supervisada por Eugène Carrière. Ahí tendrá como condiscípulos a Francis Picabia o Georges Braque. Se va decantando por la pintura, y por los autorretratos, en detrimento de su primer interés por la artesanía. Empieza a hacer e ilustrar poemas.

1905. Al cumplir la mayoría de edad, su madre le descubre quien es su padre, el cual morirá al año siguiente.

1906. Conoce a Pierre Roché, que promocionará y coleccionará sus obras, siendo también por un breve periodo su amante. Roché, amigo de Braque, le presentará también a los poetas ligados a la revista simbolista *Vers et prose*, entre los cuales están André Salmon y Pierre Mac Orlan.

1907. Hace su primera exposición en la galería de Clovis Sagot. Ahí la descubre Picasso, cuyas obras (de los períodos azul y rosa) la influirán. Conoce en el *Bateau-Lavoir* a André Derain, Robert Delaunay, Kees van Dongen, el Douanier Rousseau, Max Jacob, Maurice de Vlaminck; su pintura entre fauvista y cubista es celebrada por todos ellos. Participa en el *Salon des Indépendants* de esa primavera. En mayo, Picasso le presenta a Guillaume Apollinaire, con el que se une sentimentalmente, aun viviendo cada uno en casa de sus respectivas madres.

1908. Gertrude Stein le compra el cuadro *Groupe d'artistes*, realizado en 1907, en el que se representa con Apollinaire, Picasso y Fernande Olivier; es su primera venta. Stein, no obstante, considerará demasiado "decorativo" el estilo de Laurencin, cuyo gusto por el Art nouveau y los arabescos se va acentuando.

1909. En marzo, publica dos poemas en la revista *Les Marges*, cuya sección de poesía dirige Apollinaire, por entonces adalid declarado del cubismo. Esos poemas serán posteriormente musicados por Gabriel Faure en 1930. Frecuenta el nuevo taller de Picasso en el boulevard de Clichy donde observa el desarrollo del cubismo.

1911. Se va alejando de Apollinaire e iniciando una larga relación con Nicole Groult, hermana del modisto Paul Poiret, a través de los cuales accede a los salones de la alta burguesía. Segunda exposición. Frecuenta el grupo de Puteaux que reúne artistas y críticos –Marcel Duchamp, Robert Delaunay, Albert Gleizes o Francis Picabia, entre otros– asociados al cubismo órfico y responsables de la publicación *La Section d'or*.

1912. Rompe definitivamente su relación sentimental con Apollinaire, dejando también atrás el cubismo para desarrollar su propio estilo.

1913. Fallece su madre. Su nombre se internacionaliza, exponiendo obras en Alemania con los expresionistas de *Der Sturm* o, en Nueva York, en el *Armory Show*.

1914. En junio se casa con el barón Otto van Wätjen, alemán y pintor. Por matrimonio, se convierte en alemana y baronesa, y en adinerada rentista. Sorprendidos por el inicio de la guerra mientras están de viaje de novios en Aquitania, deciden ir a España al no poder regresar a París en razón de su nacionalidad, y también porque su marido descarta ir a Alemania donde tendría que alistarse. Se instalan en Madrid en el Hotel Sevilla. Su marido cae en el alcoholismo, deja de pintar, la engaña y la maltrata. A través de la marquesa Cecilia de Madrazo conoce la vida madrileña, y desde el mes de noviembre frecuenta la tertulia de Ramón Gómez de la Serna en el *Café Pombo*, de la que participa, entre otros, Diego Rivera. El círculo de los refugiados en Madrid se irá ampliando con los meses: Jacques Lipchitz, María Blanchard, Foujita, los Delaunay…

1915. En la primavera, la pareja se traslada a Málaga.

1916. En el mes de abril, se mudan a Barcelona, donde coincidirá con Lipchitz, los Delaunay Natalia Gontcharova o Gertrude Stein y Alice B. Toklas. Participa de algunas iniciativas ligadas a la expansión del movimiento Dadá.

1918. A principios de marzo, los Wätjen regresan a Madrid donde Cecilia de Madrazo les cede una vivienda junto al Prado, museo que Marie visita asiduamente para estudiar las obras de Velázquez, El Greco y Goya. En noviembre conoce la noticia del fallecimiento de Apollinaire con el que había seguido colaborando con ilustraciones y poemas. Al ser "mujer de *boche*" [despreciativo de "alemán"], aún no puede regresar a Francia. Tras viajar por Italia y Suiza, los Wätjen se instalan en Dusseldorf, en casa de la madre del barón.

1920. Marie Laurencin viaja a París para recuperar la nacionalidad francesa, cosa que logrará con la intermediación de los diplomáticos –y escritores– Paul Morand y Jean Giraudoux. Su obra vuelve a venderse, tanto en Francia como en los Estados Unidos.

1921. Julio: se divorcia, rechazando toda pensión, pues puede vivir, holgadamente, de su arte. Expone en París junto a Picasso, Braque, Léger o Matisse. Retoma, de forma pública y notoria, su relación con Nicole Groult.

1922. Operada de un cáncer en el estómago, con posterior histerectomía.

1923. Hace los patrones para los papeles pintados de la empresa del marido de su amante. Convertida en referente del *buen gusto*, también en moda y decoración, retrata a la alta sociedad parisina, permitiéndose con ello un alto tren de vida.

1924. Se va alejando de los círculos de pintores, para acercarse a los de poetas y escritores de cuyas obras será ilustradora: Gide, Saint-John Perse, René Crevel, Raymond Radiguet o la pareja formada por Marcelle Auclair y Jean Prévost. Además de con la literatura, combina su trabajo también con la música o la danza, realizando decorados, cortinajes y vestuarios para distintos teatros de París.

1925-1929. Son los años de su apogeo como figura artística y social. Compra la que será su vivienda definitiva, un apartamento en el último piso de un edificio señorial en el prestigioso barrio del Champs de Mars, cercano a la Torre Eiffel.

Años 1930. A pesar de la crisis económica, sigue vendiendo su obra y trabajando como decoradora e ilustradora. La revista *Vu* la incluye entre las tres "francesas más famosas". En 1935, recibe la legión de Honor y, considerada "gloria nacional", dieciséis de sus cuadros son expuestos en el Petit Palais con motivo de la Exposición Universal.

Los años de la Segunda Guerra. Permanece en París donde, tras la derrota francesa, retoma su vida mundana, así como la amistad con alemanes conocidos durante su matrimonio que son ahora ocupantes con uniforme. Si bien expresa en reiteradas ocasiones su rechazo al imperialismo nazi, también será notorio su antisemitismo, de raíz cristiana antes que racista. A partir de 1942 va acercándose al espíritu de la Resistencia, ayudando a varios perseguidos.

1944. En febrero firma una petición exigiendo la liberación de Max Jacob –que morirá en el campo de Drancy el 5 de marzo–, gesto que le acarreará, en mayo, la expulsión de su vivienda –que recuperará sólo en 1955, tras un largo proceso judicial. Tras la Liberación, el 8 de septiembre es detenida y enviada al campo de Drancy. Tras sopesar las autoridades si someterla a un proceso de "depuración legal", el 17 de septiembre es liberada sin cargos. Este episodio la marcó profundamente

1945-1956. En 1945, el periódico *Le Figaro*, del que François Mauriac es redactor jefe, le encarga la portada de su revista de moda. Desde 1947, multiplica los retiros espirituales en distintos conventos de Francia. En 1954, adopta a su gobernanta, hija de una antigua criada suya, que será su heredera. El 8 de junio de 1956, con 72 años, muere, por insuficiencia cardiaca, en su apartamento de París. Sus restos descansan en el cementerio del Père-Lachaise.

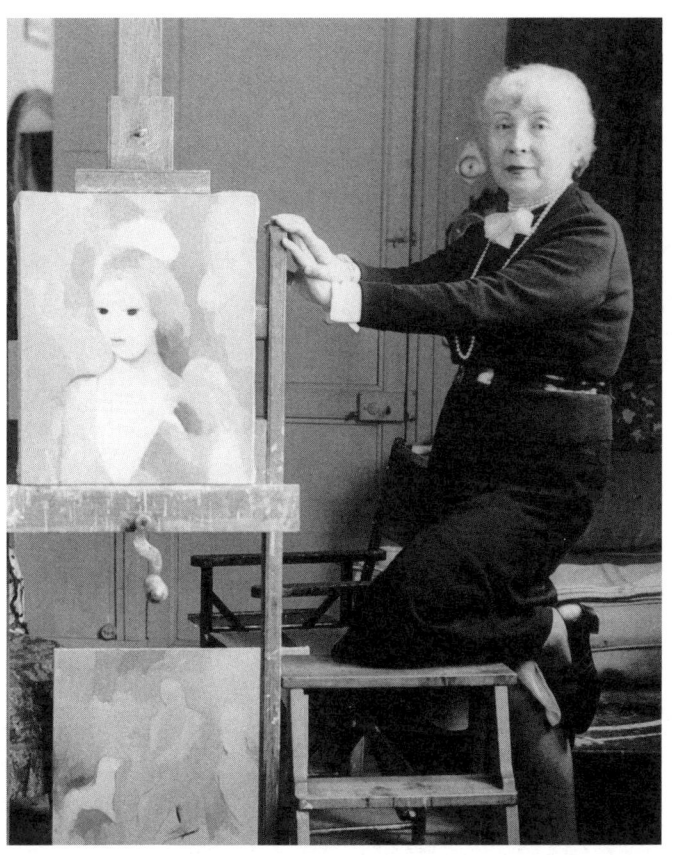

MARIE LAURENCIN
(París, 1883 - 1956)
Retrato de 1948